师礼仪概论

冯晓琴 著

幼儿教师奖励基金会：金"十一五"规划重点课题——五年制专科师范学生教育专业素质的（2005—2008）。

课题编号：CTF050102—200

山西出版集团　山西人民出版社

图书在版编目(CIP)数据

教师礼仪概论 / 冯晓琴著.—太原：山西人民出版社，
2011.5

ISBN 978-7-203-07260-7

Ⅰ.①教… Ⅱ.①冯… Ⅲ.①教师—礼仪—概论
Ⅳ.①G451.6

中国版本图书馆 CIP 数据核字(2011)第 069006 号

教师礼仪概论

编　　者：	冯晓琴
责任编辑：	员荣亮
装帧设计：	陈　婷

出　版　者：山西出版集团·山西人民出版社
地　　　址：太原市建设南路 21 号
邮　　　编：030012
发行营销：0351-4922220　4955996　4956039
　　　　　　0351-4922127（传真）　4956038（邮购）
E - mail：sxskcb@163.com　发行部
　　　　　sxskcb@126.com　总编室
网　　　址：www.sxskcb.com

经　销　者：山西出版集团·山西人民出版社
承　印　者：太原市力成印刷有限公司

开　　本：880mm × 1230mm　1/32
印　　张：6
字　　数：180 千字
印　　数：1-500 册
版　　次：2011 年 5 月　第 1 版
印　　次：2011 年 5 月　第 1 次印刷
书　　号：ISBN 978-7-203-07260-7
定　　价：26.00 元

前　言

百年大计,教育是根本;教育发展,教师是关键。教师在传播人类文明、启迪人类智慧、塑造人类灵魂、开发人力资源、弘扬和培育民族精神等方面都发挥着重要的、不可替代的作用。教师是社会主义事业建设者和接班人的培育者,是青少年学生成长的引路人。而作为国家教育的核心力量,教师的自身教育更是一项庞大且系统的工程。它既包括各种科学文化知识的储备,又包括教育教学专业能力的培养;既有教师职业道德、思想情操的修养,更有为人师表、礼仪规范的约束。诸多教育均以人的和谐发展为根本,以培养合格师资为宗旨,相互协调促进,共同构成一个有机的课程整体。

我国的教师专业教育起步较晚,在学习借鉴国外经验中,由于国情不同,有许多方面不能照搬。纵观中国的教师教育,如果说限于学制上学历教育与职业教育的合二为一而造成专业教育未能凸显的话,那么,由于认识观念的欠缺,更是忽略了教师礼仪的传统学习。教师职业要求从业者必须在各方面都能"为人师表",要达到这一境界,非知能合一、内外兼修不可。有鉴于此,笔者所在单位运城学院师范分院申请国家教师基金"十一·五"立项课题"专科师范学生教育专业素质的培养与评价",专门就教师在教育教学工作中和日常社会生活交往中的礼仪规范进行研究。

本书在课题研究基础上写作成稿,根据教师的职业特点和时代要求,共分为绪论、教师礼仪素养、教师形象礼仪、教学活动礼仪、教师社会交往礼仪和总结六个章节，体现了教师"为人师表"的深刻内涵。六个章节内容顺序的安排，具有很强的逻辑关系，从内到外，由近及远，既详细阐述了教师的教育教学活动礼仪规范，又兼顾涉及社会生活与人际交往的方方面面，力求使各位教师在系统地阅读和学习本书后，能大致适应各种学校工作和社会礼仪环境的需要，真正成为文化知识和思想修养的传播者——"人类灵魂的工程师"。

本书在对各种礼仪形式进行理论概述的同时，也具体介绍了各项礼仪活动实施的过程和方法，并且穿插了一些诸如小贴士、小故事、格言录等辅助性内容，让教师有章可循，有例可据，融理论性、指导性、可读性于一体，明确翔实，通俗易懂，具有一定的实用性和趣味性。

"教师礼仪"是一个较新的课题，在本书写作过程中，尽管笔者注意广泛接触实际和搜集理论与实践材料，在理论与实践的阐述上力求深刻且能反映出新时代发展特点，但由于本人水平有限，书中的疏漏、不足，甚至错误难以避免，恳切期望有关专家、广大中小学教师和读者给予批评指正。笔者将在此基础上尽力修改和完善，使得教师礼仪的课程教育不断臻于科学、系统，也为中国教师职业的学科建设，尽份绵薄之力。

最后，对于本书稿写作过程中所阅读参考、吸纳借鉴的相关书籍和文献资料的作者们，谨致谢忱。对于笔者所在单位的有关领导以及山西人民出版社的责任编辑所给予的大力支持和帮助，也谨致谢忱！

冯晓琴

2010-10-10

目 录

第一章 绪 论

国尚礼则国昌，

家尚礼则家大，

身尚礼则身正，

心尚礼则心泰。

这是中国先贤颜元对礼仪价值的评论。礼仪作为一种行为规范或行为模式，会使我们的生活更有秩序，人际关系更为和谐。中国素以"礼仪之邦"著称于世，讲"礼"重"仪"是中华民族世代沿袭的传统，源远流长的礼仪文化是先人留给后人的一笔宝贵财富，它对规范中华民族及世界人民的道德行为，都产生过巨大而深远的历史影响。然而，在当今伴随世界一体化、势必要与世界标准接轨的中国，礼仪，则是一个古老、现实而又沉重的话题。

近些年来，礼仪和其他传统思想观念一样，正受到形形色色的所谓"新思潮"的强烈冲击。因此，党中央在《公民道德建设实施纲要》中就曾明确指出："开展必要的礼仪、礼节、礼貌活动，对规范人们的言行举止，有着重要的作用。"

前教育部部长周济说："教育以育人为本，以学生为主导；办学以人才为本，以教师为主体。"教师不仅是教授知识的主体，而且是传承文明的导师，教书育人的园丁，以身作则的楷模。"为人师表"不仅表现在课堂上，更体现在生活的每一个细枝末节中。师范院校的学生是未来的"人类灵魂工程师"，担负着提高全民素质的历史责任,其自身修养及言行举止的优劣,直接关系到整个中华民族素质的高低,直接影响着全社会精神文明的建设状况。而礼仪,由于其自身所具有的特性,对师范生自身素养及言行举止的提高,对他们将来成为"教书育人"的合格教师,具有极其重大的现实意义。

在改革开放的今天,中国已经进入世界大家庭,我们不能让其他国家的人轻视我们这个当年的礼仪之邦。年青一代不能"有知识没有文化,有知识没有常识",不懂礼节,没有礼貌。我们必须高度重视礼仪学习,发掘、研究和继承中华民族传统的礼仪文明,扬其精华,弃其糟粕,创建新时代的教师礼仪,更好地为社会主义教育事业服务。

第一节　教师礼仪的含义

韩愈在《师说》里讲道:"师者,所以传道授业解惑也。"教师是科学文化知识的传播者,精神文明的建设者,是以对人的培养教育为其专门职业的劳动者,是"人类灵魂的工程师"。礼仪又称礼节,是人们在社会交往中尊重自己、尊重别人的一种规范的表现形式。它与一定的社会伦理要求、风俗习惯相联系,是一个人思想水平、文化修养、交际能力的外在表现,属于行为规范和行为模式的范畴。教师礼仪,指教育从业者应具有的遵循教师职业道德,以美的仪态、美的语言、美的行为去感染教育对象、培养教育对象的基本行为规范。教师礼仪的根本含义是为人师表,以身作则,成为学生、社会得以效仿的楷模。

我国古代的"礼",指礼法、礼制、礼教,也指仪式、有程序的行为方式或行为规范。"仪",《说文解字》释为"度也"。后有法度、准则、典范之意。《荀子·君道》中说:"君者仪也,民者景也,仪正而景

正。"这里,仪指的就是表率、榜样。

几千年来,多少人赞美教师,歌颂教师,把教师比作蜡烛,燃烧自己,照亮别人;把教师比作园丁,精耕细作,桃李芬芳;把教师比作春蚕,吐尽最后一根丝,只留温暖在人间。教师榜样的力量,永远是教育对象成才的保证。

江泽民同志在第三次全国教育工作会议上指出:"教师是人类灵魂的工程师。教师职业是崇高的职业。师范教育是培养教师的摇篮,科教兴国是我们的战略国策。师范教育具有超前性,更应面向现代化,面向世界,面向未来。把造就具有正确的世界观和教育思想,掌握现代教育内容、方法和技术,善于从事素质教育的教师队伍,作为教育工作的一项根本任务来抓。"他还强调:"教师是学生增长知识和思想进步的导师,他的一言一行,都会对学生产生影响,一定要在思想政治上、道德品质上、学识学风上,全面以身作则,自觉率先垂范,这样才能真正为人师表。"①

江泽民同志的英明论断正是对教师礼仪概念最好的诠释。百年大计,教育为本;教育大计,教师为本。国家教育方针能否得以贯彻,教育方针能否得以实现,教师起着主导作用。民族振兴的希望在教育,振兴教育的希望在教师。教师的文化素养和自身礼仪如何,直接影响其教育效果,直接关系到素质教育的成败,关系到亿万青少年的健康成长。

---

① 转引自 1996 年 9 月 11 日《文汇报》。

【礼仪小摘录】

中国礼仪传统知识

中国传统礼仪文明源远流长,纷繁复杂且丰富多彩。从古代典籍可知,在两千多年以前,中国的人生礼仪就已经具有比较完整体系的特征。从现在的文字记述和考古发现资料中可以推断其基本面貌,汉字的"祝、礼、祭、奠"的甲骨文和其他许多象形文的记载,比如在《山海经》、《吕氏春秋·古乐》、《诗经》等史书典籍中,都有礼仪场景的反映或描述。

周代形成了一套完整的礼制,产生了《周礼》、《仪礼》和《礼记》三部著作,古人合称为"三礼",对后来各封建王朝的礼制产生了重大影响。汉代之后,封建统治者把礼文化与德政高度统一起来,使礼仪演变成礼教等级制度的工具。盛唐时期,出现了孔颖达、贾公彦等推行礼仪之风的学者。宋代礼仪开始走入家庭教育,朱熹精选了儒家经典而形成了"四书五经",作为对青少年礼教的基础文本。明清时期,礼又逐渐与"理"合一,甚至出现了"以礼代理"的现象。

礼仪文化在中国几千年的漫长历史中,为历代统治阶级所利用、所丰富,封建统治者从礼制、礼律、礼教、礼治的不同方面表述礼的内容、形态和功能,从而使礼仪成为中国传统文化中具有强大凝聚和传承的力量。

第二节 教师礼仪的内容

一、教师形象礼仪

教师形象礼仪要求教师必须讲究仪表礼仪、形态礼仪、语言礼仪。

现代社会非常关注教师形象，而教师礼仪对于规范教师形象有着重要的作用。形象从传播学的角度来讲，就是外界对教师的印象和评价。印象是内在的感觉，而评价是外在的表述。形象对一个教师来说，是其综合素质的最初体现，它对学生具有强烈的心理暗示功能。孔子说："其身正，不令而行；其身不正，虽令不从。"[①]短短15个字，对今天的教师塑造良好的自身形象仍有他山之石的警示意义。

教育心理学研究表明，教师的榜样作用对学生的影响力是极大的，从幼儿园儿童到大学生都有模仿教师行为的倾向。特别是中小学，学生最崇拜的便是老师，老师在学生面前的一举一动，一颦一笑，一言一行都会对他们的精神世界产生潜移默化的影响。因而，教师必须讲究礼节风度，时时谨慎，处处垂范，从点点滴滴熏陶，耳濡目染，学生自会受到教育，健康成长为社会所需要的栋梁之才。

二、教学活动礼仪

教学活动礼仪包括课堂教学礼仪、课外讲评礼仪、校园活动礼仪。

教师的教学活动礼仪，指教师在教育和教学过程中的教育艺术性、科学性和方法性。它要渗透一些必要的礼节仪式，是以文明

---

① 《论语·子路》

用语为中心,以师生情感为前提而创设的一种"知识技能性与人文性"珠联璧合的行为规范。

教学活动礼仪是师生情感融洽的表现,是师生平等对话、提高教学质量的基础。对话作为一种原则,往往与民主、平等、包容、坦诚联系在一起;对话作为一种策略,往往与共同参与、相互渗透、积极表现联系在一起。因此,教师需要针对学生的不同特点,做到严而有理,严而有度,严而有方,严而有恒。真正使中小学的教育教学活动从外在走向内在,从抽象走向具体,从知识走向情感,从观念走向体验,从形式走向心灵,使学生在轻松愉悦的教学活动过程中,学有所乐,学有所得。

三、教师社交礼仪

教师社交礼仪,即教师的日常社会交往礼仪。

教师是社会中的一分子,在现代生活中,同样要和社会的各个层面打交道,要面临各种各样的人际关系,亚里士多德说过:"一个人不和他人、不和社会打交道,不是一个神,就是一个兽。"因此教师的社交礼仪活动是教师礼仪的一个重要内容。

作为教师,需要懂得基本的社会交往礼仪。如师生礼仪、家长礼仪、同事礼仪、上下级礼仪以及会客礼仪、文娱礼仪、通讯礼仪等。融于社会,多交朋友,广结善缘,处理好人际关系,有助于教师更好地工作,更好地生活。教师注重社交礼仪,能体现自身的文明修养,另外也是教师不断增长社会知识、丰富提高自我素质的重要方面。

【礼仪格言】

"凡学之道,严师为难。师严然后道尊,道尊然后民知敬学。是故君之所不臣于其臣者二;当其为尸,则弗臣也;当其为师,则弗臣也。大学之礼,虽诏于天子无北面,所以尊师也。"

——《礼记·学记》

"言而不称师,谓之畔;教而不称师,谓之倍;信畔之人,明君之内,朝士大夫遇诸途不可言。"

"非礼是无法也,非师是无师也。"

"人又师法而知,则速通。"

——中国古代教育家荀子

自解:中国自古以来,就非常重视师道尊严。荀子要求学生要隆师、言师、近师、尊师、忠师。他认为,教师应该是礼仪的化身,具有绝对的权威性。教师在教学过程中具有重要的主导作用,学生必须服从。

第三节 教师礼仪的特点

现代社会要求教师要具有师资、师表、师德、师心。国家要发展,民族素质要提高,礼仪起着非常重要的作用,正所谓"衣食足而知礼仪"。在这样的前提下,需要教师为人师表、率先垂范。因此在礼仪的推广和普及中,教师担负着义不容辞的责任。相对于社会其他礼仪来讲,教师礼仪更具有以下三方面的特点。

一、教师礼仪的示范性

教师礼仪的示范性,指教师的榜样作用。它是由教师职业的社会功能决定的。礼仪本身就具有文化性、审美性、教育性。教师不但是礼仪文化的传播者,而且还是礼仪文明的倡导者、实践者。人民教育家陶行知先生就是这方面的典型代表——"希望年轻人做到的,自己首先努力做到;他处处在教育人,又好像处处在教育自己。"①这种以身立教的精神,会使学生在不知不觉中受到潜移默化的影响,在社会生活中同样也具有积极的教育意义。

教师礼仪的示范性,体现在教育活动的各个方面。教师在教育教学活动中起着主导作用,对学生的影响是最直接、最强烈的。社会对受教育者的期望,要首先经过教师自身的内化,然后再由教师运用一定的教育手段,影响和感染教育对象,从而形成教师在教学活动中的示范性。同时,因为教与学过程中的双边作用,教师的思想品德、个性语言、行为习惯都将受到学生的监督和模仿。

学校生活中,常常有些教师被一些调皮的学生戏称为"机关枪"、"高音喇叭"、"牵慢羊"、"蜜蜂阿姨"等。虽然这些绰号是不礼貌的,但其中却包含学生们对个别教师不符合职业礼仪的教学语言、教学行为的批评和讽刺。德国著名教育家第斯多惠说得好:"教师本人是学校里最重要的师表,是最直观最有效益的模范,是学生活生生的榜样。"他还说:"要是自己还没有培养和教育好,他就不能发展、培养和教育别人。"因此中小学教师的礼仪示范作用,是强有力的教育因素,其影响力广大而深远,不仅伴随着学生在校的学习与生活,而且会一直延续到他们长大成人,踏入社会,走进家庭,乃至一生。

二、教师礼仪的审美性

教师礼仪的审美性,主要是指教师职业的礼仪文明给学生及

---

① 包连宗等:《教师职业道德修养》,华东师范大学出版社1985年版,第81、82页。

他人的感觉、体验等，表现为教师仪表、教师语言、教师行为的美观给学生及他人一定的教育影响力和精神上的满足感。

21世纪建设高度的物质文明和精神文明，是社会主义现代化建设事业的必然要求，也是人类社会发展的必然趋势。讲究礼仪是社会高度文明的标志之一。教师礼仪文化具有很高的审美价值。它的形象性和实践性决定了它本身就是一种既具有内在道德要求，又具有外在表现形式的行为规范。其内在的要求是指教师在工作与生活中，要爱岗敬业、诚恳和善、相互尊重、谦恭得体。其外在的表现形式是指礼仪的内在要求在教师的仪表、语言、行为等方面的具体表现，是一个人道德风范的外化。

也正如英国教育家约翰·洛克所说："没有经过琢磨的钻石是没有人喜欢……但是一旦经过琢磨，加以镶嵌之后，它们便生出光彩来了。美德是精神上的一种宝藏，但是要使它生出光彩的则是良好的礼仪……无论什么事情，必须具有优雅的方法和态度，才能显得漂亮，得到别人的喜悦。"因此说，从审美的角度来看教师的仪表仪态、语言交流、行为举止和为人处世等各个方面，都是在展现新时代教师礼仪文化、教师素质修养的独特魅力。

三、教师礼仪的综合性

教师礼仪的综合性是指所有礼仪在教师身上的综合体现，它包括现代社会礼仪文明的各个方面。

教师礼仪的综合性，体现在教师的社会实践性。教师礼仪贯穿于教师的教学活动、校园活动及社会人际交往活动中。

每个教师在日常工作和生活中要时刻遵从"敬德、敬文、敬人"的礼仪原则。

敬德指教师的职业道德。对学生应做到"严如高山，爱似大海"，严在于求真和严谨，爱在于无私和宽容。"严于律己，宽以待人"，以育人为重，能以"青出于蓝而胜于蓝"的期盼，欣看"长江后浪推前浪"。

敬文体现在博学达理方面。它是一种"博学于文，约之以礼"的君子形象。教师要谨记"满招损，谦受益"。要热爱科学，坚持真理，尊重知识，要随时发现自身发展与国家要求的不同，与人民群众、学生和家长的期望之间的差距，要不断学习，钻研业务，规范行为，与时俱进，要获得现代社会各个方面的综合知识。

敬人体现在教师尊重他人的文明修养方面，也即是教师礼仪风度。"闻道有先后，术业有专攻"，人和人之间是有差异的，正如"三人行，必有我师焉"。作为教师，在工作中需要端正态度，针对学生不同的兴趣爱好和性格心理而因材施教，理解学生，关心学生；在生活交往中要摆正位置，针对不同的交往对象而因人施礼，尊重对方，善解人意。只有这样，才能使教师自身良好的礼仪修养在学校、社会的各个方面发挥作用，成为礼仪教育的使者、文明形象的化身。

【礼仪小故事】

电视剧《绿荫》里有一段关于教师课堂礼仪的小故事：

何老师接班的第二天，他准备去上课，远远地就听见教室里面乱哄哄的。走进教室一看，才发现黑板上画了他的肖像漫画，并在旁边标注："不准擦掉。"何老师明明知道这是学生故意捣乱，存心侮辱自己，但他仍然定了定神，冷静地说："画画的同学很有想象力，画也切合人物的个性特点。当老师的一靠嘴传授知识；二靠耳朵倾听同学的真知灼见；三靠眼睛观察同学心灵的秘密。所以，画画的作者，把这三种器官都画得挺大的。我建议课余时间，这位同学多向美术老师请教，一定会取得更大的进步。我们现在是语文课，是不是先擦掉上课？"至此，同学们都露出了会心的微笑。

【礼仪小摘录】

自勉并勉同志

人生天地间，各自有禀赋；

为一大事来，做一大事去。

多少白发翁，蹉跎悔歧路；

寄语少年人，莫将少年误。

——现代著名教育家陶行知

第四节　教师礼仪的意义

师范院校是教师的摇篮，师范学生是未来的人民教师。徐特立老先生讲得好：教书不仅是传授知识，更重要的是教人，教育后一代成长为具有共产主义思想品质的人。因此，学师范、将来做人民教师的人，其自身素质修养的好坏、言行举止的优劣，就显得格外重要。教师礼仪对于师范学生来讲，也就更具有特殊的重要性和必要性。

一、讲礼仪可以更好地塑造教师的职业形象

教师的职业形象是指教师在职业活动中，为完成教育任务、达到教育目的所遵循的社会规范、生活准则以及表现行为方式的总和，包括仪表、语言、风度等方面的内容。它要求教师在职业活动中做到衣着整洁、仪表端庄、语言规范、谈吐文雅、态度和蔼、举止得体等等。

而教师的这些职业要求，不能只停留在纸上或脑海里。教师只有把它们外化为自己的礼仪行为，充分表现在教育、教学以及和学生、社会的交往过程中，表现在自身的仪表装扮、言谈举止等方面，

才能让学生与社会对你有深切的感受，才能在学生与社会中树立起自己良好的教师职业形象。

二、讲礼仪可以更好地提升教师的人格魅力

人格是个人相对稳定的比较重要的心理特征的总和。这些心理特征包括个人的能力、气质、性格、爱好、倾向性等。它们是在一定生理素质的基础上，通过社会实践逐步形成和巩固的。个人具有的高尚人格会在社会实践中散发出巨大的吸引力和影响力，使周围的人不知不觉地自愿地被其吸引，受其影响，这就是所谓的人格魅力。

教师良好的礼仪行为，不仅有利于教师获得学生的好感和尊敬，而且能够展示和提升教师的人格魅力，使学生如沐春风，给学生以积极的影响。陶行知、徐特立等我国著名的教育家，就以他们高尚的师德风范和无与伦比的人格魅力影响了一大批当代的人杰志士，从而成为后世教师的楷模。

三、讲礼仪可以更好地维护教师的尊严

教师的尊严是指社会、家长、特别是学生对教师身份的认同与尊敬。尊师重教是中华民族的光荣传统，也是党和国家的基本国策。但是，作为教师个体能否得到社会特别是学生的认同和尊敬，在学生中树立威信，关键在于教师的学识、能力、师德和行为表现。

著名教育家杜勃留波夫指出："有人说师生间的最不幸的关系，是学生对教师学问的怀疑，但还要加上一句，如果学生的怀疑涉及教师的道德方面，则教师的地位就更为不幸了。"因此，决定教师在学生心目中的"地位"的关键因素，是"教师的道德方面"。而要正确展现教师的品德，维护教师的尊严，就必须娴熟地运用教师礼

仪。因为得体的仪表,优雅的举止,和蔼的言谈,是获得学生认可的基本条件。如果一个教师不讲礼仪只知道板着面孔训人,成天用轻蔑和傲慢的态度对待学生,可以肯定,即使他的学问再好,学生也绝不会欢迎的。

四、讲礼仪可以更好地发挥教师道德的示范教育作用

教师道德最显著的特点之一,就是比其他职业道德有着更加强烈的示范教育性。在教育过程中,教师道德不仅是教师自身的修为,而更重要的是它会成为学生最直观、最鲜活、最生动的教材,成为作用于学生最有效的教育方法,成为"任何教科书、任何道德箴言、任何惩罚和奖励制度都不能代替的教育力量"。所以,夸美纽斯说:"教师的任务是用自己的榜样来诱导学生。"

中小学生的可塑性大、模仿性强,教师在他们心目中占有特殊的位置,教师的言行举止都会成为他们模仿的对象,即为"向师性"。"亲其师,信其道",教师良好的礼仪风范可以把自己的品德修养、文化素养、行为作风乃至气质、性格、习惯等都外化为学生看得见的榜样,在点点滴滴中熏陶和感染,从而收到理想的教育效果。

五、讲礼仪可以使教师的情感表达得更准确生动

"晓之以理,动之以情,导之以行,持之以恒",这是现代教育所推崇且行之有效的基本方法和重要经验。它强调教师在教育过程中要坚持"以理服人,以情感人"。但也有一些人认为:对学生不能太温柔,"打是疼,骂是爱"、"爱要爱在心里"。持这种观点的人,如果不是为自己的野蛮和粗暴找托词,就是对教育的无知。苏霍姆林斯基曾对这种观念给予尖锐的批评,他说:"有人说,学校里不能有脉脉温情,因为这使教育工作变得软弱无力。请摒弃这些粗浅的论断吧,事实正好相反,生硬的话,粗暴的行为,强制的方法,这一切

会蹂躏人的心灵,使人对周围世界和自己都采取漠然的态度,而哪里的人们抱这种态度,哪里就不会有人类真正的高尚情操。"

事实上,绝大多数教师是有丰富的情感的,如对祖国和人民的热爱之情,对教育事业的执著之情,对自己学生的关爱之情等等。这些美好的情感是教育魅力之所在,是取之不尽的力量源泉。问题的关键在于情感不要"埋在心里",更不要"表错了情"。这就要求教师要有良好的礼仪训练,因为教师的情感必须经过规范的礼仪来表达。例如,表示对学生的关爱之情,就不能板着脸面对学生,也不能讽刺、挖苦学生,更不能打骂学生,而要表情亲切、态度温和、姿态端庄、言语得体地说服教育学生。这样,教师的情感就真正地外化成为学生可感受的行为,像春风、雨露、甘泉般时时滋润学生的心田,产生巨大的感染力量,达到教育学生的目的。

六、讲礼仪可以建立良好的人际关系

现代生活中,教师也面临着不同的人际关系。首先是师生关系,其次是和学生家长的关系,再次是同事、领导、同行等等各种各样的人际关系。良好的人际关系有助于教师广泛地吸收信息,增长见识,相互学习,取长补短;有助于增进了解,建立团结协作关系,促进教学相长;有助于交换意见,沟通感情,完善个性,保持身心健康等等。因此,良好的人际关系是教师事业成功的重要保证。而良好的人际关系是通过积极的符合教师礼仪的人际交往来实现的。

所谓人际交往,是指人们为了相互传递信息、交换意见、沟通感情,通过语言、行为等方式互动的过程。这就离不开平等、尊重、坦诚和规范的礼仪。如果一个教师唯我独尊、自私自利、仪表猥琐、语言粗俗、举止轻浮,他必定损害自己的教师形象和威信,在纷繁复杂的人际关系中处处碰壁,别人也很难和他交往,这样对自己、对他人、对工作都是极为有害的。

第五节 教师礼仪的学习方法

教师良好的礼仪形象是要经过长期有意识的学习、实践、积累而逐步形成的,因此,需要制定出一套切实可行的学习方案。

一、自觉加强思想道德素养,是培养教师礼仪的基础

人民教育家叶圣陶先生说得好:"教师得先负责,才能谈到循循善诱,师生合作。"[1]一个思想道德修养好的人,一个对教师职业充满敬重和热爱的人,一个对事业充满责任感和使命感的人,他会严格地自律。在他们的心目中,儿童是祖国的花朵,青少年是祖国的希望。他们不仅把遵守职业道德和讲求教师礼仪看成是自身道德修养的需要,更重要的是教好书、育好人的需要,是为祖国培养人才,完成神圣使命的需要。因此,学习教师礼仪必须把不断地加强思想道德素养作为基础。

二、实事求是地选定学习内容

实事求是地选定教师礼仪的学习内容,即从目前状况出发,使礼仪学习具有针对性;充分考虑将来的需要,使礼仪学习具有前瞻性;同时,礼仪内容要具有师范性,要以学校礼仪为主,覆盖社会和家庭。学习中,要深入地发掘人民群众良好的约定俗成的礼仪形式,批判地继承祖国优良的礼仪传统,适当合理地汲取外民族的礼仪文化精髓,使教师礼仪更富有民族性和时代性。

---

[1] 《叶圣陶教育论集》上卷,教育科学出版社 1980 年版,第 54 页。

三、认真学习、加强训练、勇于实践是教师礼仪学习的根本

礼仪的基本特点决定了教师礼仪的学习，必然是教师良好师德的养成并成为最终实现其社会价值的基本途径。礼仪虽然有内在的道德要求，但更重要的还在于实践，在于它的外在表现形式。所以，在努力学习教师礼仪知识的同时，要以积极主动的态度，坚持理论联系实际，自觉地从大处着眼，小处入手，以教师礼仪的准则来规范自己的服饰装扮、音容笑貌、言谈举止。只要我们坚持不懈，持之以恒，在不久的将来，良好的教师礼仪会伴随着自己成为真正的"人类灵魂的工程师"。

【礼仪小贴士】

著名现代教育家张伯苓，1919 年之后相继创办南开大学、南开女中、南开小学。他十分注意对学生进行文明礼貌教育，并且身体力行，为人师表。他曾在南开中学校门内侧的大穿衣镜镜框上题词："面必净，发必理，衣必整，纽必结。头容正，肩容平，胸容宽，背容直。气象：勿傲，勿暴，勿怠。颜色：宜和，宜静，宜庄。"有一次，他看见一个学生抽烟，劝这名学生戒掉，学生问："您不也吸烟吗？"张伯苓听后便把自己的烟杆折断，将自己的吕宋烟全部当众销毁，并从此终身不再吸烟。

南开虽为私立学校，但并不是生财赚钱的工具。南开的经费完全公开，每年的账目都放在图书馆里任人查看。张伯苓曾说，谁要是查当月账目，他可以五分钟之内告诉你，这确实不是大话。他以身作则节约学校的每一个铜板。他每月取于学校的报酬，只是中心校长的一份薪水。大学成立后，他也只在此之上加三四十元，相当于大学毕业生工资的二分之一。他每次到北京办事，都替学校省钱，总是住在前门外施家胡同一个普通客店，每天房费一元。张伯苓常常在外为学校募款，几千、几万、几十万元，都丝毫不差地交到学校，未有一分入了私囊。

第二章 教师礼仪素养

　　教师素养是教师礼仪的根本和前提，是教师和一切教育工作者在从事教育教学活动中，必须遵守的道德规范和行为准则以及与之相适应的思想观念、心理品质和道德情操等。教师素养是教师人生之根本，是引领教师专业礼仪成长的内在灵魂。它直接关系到教育的效能和学生的成长，规范、合格的教师礼仪素养会将整个教育教学工作引向和谐、愉悦，成为整个社会道德生活重要的风向标。

　　长期以来，广大教师教书育人，爱岗奉献，赢得了全社会的尊重，教师队伍中不断涌现出一批又一批令人肃然起敬的模范人物。特别是"5·12"汶川大地震中，灾区教师在抗震救灾中可歌可泣的英雄壮举和感天动地的崇高精神，充分展示了当代人民教师的光辉形象和伟大师魂。

　　2008 年 5 月 12 日，四川省汶川县发生特大地震，面对突如其来的灾难，灾区广大教师忠于职守，临危不惧，舍生忘死，全力以赴抢救学生。在大灾面前经受住了考验，用鲜血和生命彰显了中华民族伟大的抗震救灾精神，用爱和责任诠释了人民教师的神圣职责，以对党和人民教育事业的无限忠诚谱写了人民教师的英雄赞歌，展现了新时代人民教师高尚的职业操守和可贵的精神面貌。在生死关头，他们不畏艰险，挺身而出，毫不犹豫地将生的希望都留给学生，把死的危险留给自己。几乎每一个遇难教师的手都指向门口，几乎每一个遇难教师的身下都呵护着学生。在危难时刻，教师不顾个人和家庭的安危,始终把学生的生命安全放在首位,义无反顾地奋力抢救自己的学生;在困境之中,教师们竭尽全力,顽强拼搏,历尽艰险,组织受困学生安全转移,并强忍悲痛,坚守岗位,克服重重困难,积极投身学校的尽快复课和灾后重建工作,让地震后的废墟上又传来了孩子们琅琅的读书声。他们以大爱和责任为学生筑起了一道生命长城,在全社会产生极大反响,赢得了高度赞誉。

第一节　教师礼仪素养的内涵与特征

　　教师的礼仪素养来自于行业本身,来自教师劳动本身,是与教师这一特殊职业密切相关的专门性道德修养。它不仅是教师在职业生活中所应遵循的行为规范和行为准则,还包括教师对行为规范和行为准则进行内化与实践,由此形成的观念意识和行为品质。它从道义上规定了教师在教育教学过程中应该以什么样的思想、情感、态度、作风和行为去待人接物、处理问题、做好工作、为社会尽职尽责。在这种情况下,行为准则和行为规范就具有客观性,是外在(社会、职业生活等)因素对人提出的要求。

　　由于教师工作的目的、任务、对象、手段、工具及劳动成果等都不同于其他职业,因此,教师礼仪素养也就随着人类生产的发展和社会职业分工而出现,在教师具体的教育教学劳动实践过程中逐渐形成。由于教师工作的特殊性,使得教师的从业者有着自己特殊的职业兴趣、爱好、习惯和心理传统,并在特殊的利益关系中形成了特殊的礼仪责任和纪律,从而产生了独具特色的行为规范和素养要求。

　　具体说来,教师礼仪素养的特点主要表现在以下几个方面:

一、礼仪境界的高层次性

在现实生活中，由于人们所处的社会背景和地位不同，世界观和人生观的差异，以及个人后天的主观努力付出的多少，使得不同的人处于不同的境界层次上。教师在社会发展中承担着培养一代新人的历史重任，其工作是以自己的学识、情感、思想和灵魂去教育塑造人。这种工作不仅是知识技能的传授，更重要的是以灵魂塑造灵魂。因此，教师作为人类灵魂的工程师，较之其他社会成员应具有更高的境界和素养。纵观古今，历代社会对教师的礼仪要求都比较高，教师始终作为人类道德素养继承和发展的载体而发挥着积极的作用。

社会主义现代化阶段的人民教师，以培养德、智、体、美、劳全面发展的新人为己任，同历史上各个时期教师相比，其道德素养境界应当更加高尚。他们应有远大的共产主义理想，把自己的工作和社会主义建设、共产主义的伟大事业联系起来，把对祖国前途的高度责任感化作对教育工作的勤奋和对教育事业的坚定信念；热爱人民的教育事业，忠诚于人民的教育事业，全心全意为社会主义建设服务；他们应把爱祖国、爱人民、爱劳动、爱科学、爱社会主义的精神贯穿于礼仪素养意识和礼仪素养行为的各个方面，不仅要有一般社会公民所具有的社会主义公德，更应该具有崇高的共产主义道德品质，把道德素养建设的广泛性与先进性集于一身，成为全社会道德素养的楷模。

二、礼仪意识的自觉性

教师的礼仪素养意识是指教师对自己所从事的职业的观念、想法和态度，是教师礼仪行为的基础，它包括教师的礼仪认识、礼仪情感、礼仪信念和礼仪意志等各个方面。其中教师的礼仪素养意识的自觉性反映在教师礼仪认识上，表现为强烈的社会责任心和对教育事业的深刻领悟;反映在礼仪情感上,表现为对工作的积极投入和对学生的关怀爱护;反映在礼仪信念和礼仪意志等方面,则是对教育事业的忠诚和坚定信念,以及自觉地进行自我命令和自我监督、自我激励,修身内省,不断提高职业素养和思想境界。

教师礼仪素养意识的自觉性在不同的社会历史条件下,其程度是不同的。在私有制的社会里,尽管教师能够凭着自己的思想意识和职业良心对学生进行礼仪素养品质教育和熏陶,但是,由于生产资料的私人占有制和受剥削阶级思想及观念的影响,教师素养意识的自觉性也会受到很大的限制。在社会主义条件下,教师的个人利益与集体利益、社会利益是相互统一的,共同的事业和理想把教师与教师、教师与学生之间紧紧地联系在一起,建立了民主、平等、和谐、亲密的新型关系。人民教师的社会地位和政治地位不断提高,物质生活及福利待遇也在不断改善,教师逐渐成为令人羡慕和尊敬的职业之一,因此,教师礼仪素养意识的自觉性也将得到进一步的发挥。可以想象,面对日益受到国家和社会重视的教育事业,面对复杂繁琐的教学工作,面对新一代的教育对象,没有对教育事业的坚定信念、缺乏为教育事业的献身精神,是不可能干好教育工作的。当前,在我国的教育战线上,不断涌现的许多优秀教师,他们之所以能取得优异的成绩,其中一个最重要的原因,就在于他们具有高度的教师礼仪素养意识的自觉性。

三、礼仪行为的示范性

从教师这一特殊行业所面对的工作对象和采取的工作手段来看,教师的礼仪素养具有更强的示范性。教师的工作对象既不像工业劳动那样是天生的自然物,也不像农业劳动那样是无意识的动植物,而是有思想、有个性、有情感、有理想的广大青少年学生。自然物对工农业劳动的作用,只是被动消极地接受,而学生对于教师

工作劳动的作用,则是积极主观的反应。教师教育学生的手段,除了文化知识的专业传授之外,还有自己的素养意识和人格力量的影响。因此,教师礼仪素养不仅仅是教师自身行为的规范要求,而且已成为教育实践活动的一个重要内容。

在教育教学实践活动中,教师是学生获得知识的导师和引路人,在学生的心目中占有特殊的地位。教师的一举一动处于学生的严格监督之下。而青少年学生正处于世界观、人生观和思想性格的形成阶段,他们有着很强的模仿性和向师性。特别是小学和初中阶段的孩子们,经常会把教师看成最理想的人,当作最直接的榜样。教师的文化修养、求知精神、行为作风、处世方法以及气质性格、言谈举止和行为习惯等,都会成为一种无形的力量,对学生产生深刻的影响,甚至有的还会影响到孩子的一生。因此,教师不仅要在思想品格上追求完美,而且要在行为规范上更加严于律己,为人师表,真正做到"以身立教,以身作则"。

四、礼仪教育的导向性

我们中华民族要自立于世界民族之林,需要依靠教育为现代化建设培养高素质的人才大军,而教师就是培训这支人才大军的"教官",其品德、素养、礼仪等都直接影响人才大军的质量。如今,党和国家把教育放在优先发展的战略地位,这就为教师的礼仪素养提出了更高的要求,必须超越其他行业的职业素养标准。

教师礼仪素养的导向性不仅面对全体学生,而且也面对各个社会成员。一方面,教师的礼仪素养对学生正确人生观、价值观的树立,良好兴趣爱好、行为习惯的养成,明辨是非、善恶等等,都具有导向作用。教师优秀的礼仪素养在教育教学过程中,会以潜移默化的方式影响、感染每一个学生,使他们去无意识的模仿、效法,这对学生全面的人格培养具有极其重要的意义。另一方面,教师礼仪素养对社会成员道德素养的形成也具有导向作用。在整个社会生活中,教师是良好社会风尚的倡导者和表率,他们的道德素养和行为礼仪,会直接或间接地影响和教育广大的社会成员。因此可以说,当代教师的礼仪素养是与每一位青少年学生、与教师产生人际交往的各个社会成员息息相关,密切相连的。

五、礼仪影响的深远性

"百年大计,教育为本"。学校是培养人才的基地,学生一批批地从学校走出来,进入社会的各行各业,学生的素质修养如何,对社会文明和社会发展有着直接的影响。因此,作为直接教育学生的教师来说,其职业礼仪素养水平的要求,是构建良好社会风气和社会主义精神文明的重要保证。

教育劳动的效果是滞后的、间接的、潜在的,但教师的礼仪素养对学生的影响却是持久深远的。其影响的"深",表现在它直接作用于学生的心灵,帮助他们形成一个美好丰富的内心世界;其影响的"远",表现在教师礼仪素养的影响不只局限于学生在校学习期间,而是影响其一生。《管子·权修》中说道:"一年之计,莫如树谷;十年之计,莫如树木;终身之计,莫如树人。"学生在校时,阅历浅,缺乏生活实践经验,对教师的教育往往感受不深,领悟不透。离开学校,踏入社会后,教师的影响就会自觉不自觉地表现出来,并且扩而大之,绵延不断。一个对学生高度负责,具有很高威望的教师,或者在学生成长过程中起着关键的教诲、引导作用的教师,会得到学生持久的爱戴和怀念。

【礼仪小摘录】

我国伟大的人民教育家陶行知先生就是一个典范。他那"捧着一颗心来,不带半根草去"的献身精神,"富贵不能淫,贫贱不能移,威武不能屈"的高风亮节曾深刻地影响到他的学生,使许多学生从此走上了革命道路,他的伟大人格至今仍为他的学生以及后代人所敬仰。

鲁迅也曾在回忆藤野先生的文章中说:"我总还时时记起他,在我所认为我师之中,他是最使我感激,给我鼓励的一个。……他的性格,在我的眼里和心里是伟大的,虽然他的姓名并不为许多人知道。他所改正的讲义,我曾订成三厚本,收藏着,将作为永久的纪念……他的照片至今还挂在我北京寓所的东墙上,书桌对面。每当夜间疲倦,正想偷懒时,仰面在灯光中瞥见他黑瘦的面貌,似乎正要说出抑扬顿挫的话来,便使我忽又良心发现,而且增加了勇气……"[①]

第二节 教师礼仪素养的作用

面对 21 世纪知识经济迅猛发展的新阶段,面对正在茁壮成长的广大青少年,一个个活生生的个体,他们思想单纯、心灵稚嫩、渴望知识的雨露,需要思想的启迪。教师只有具备崇高的道德、极大的热情、真诚的爱心、广阔的心胸,热爱教育事业,关心爱护每一个青少年学生的成长,才能受到青少年学生的推崇和爱戴,成为他们成长的榜样,模仿的楷模,才能不折不扣地完成教育教学工作,促进学生的健康发展。

---

① 鲁迅:《藤野先生》,载于《朝花夕拾》,人民文学出版社 1973 年版,第 67 页。

教师礼仪素养的作用,是指教师礼仪素养对于广大学生、个人和集体以及社会所具有的影响。它的作用是多方面的,主要有教育作用、调节作用、导向作用和促进作用,各种作用并不是孤立存在的,彼此之间相互映衬,又相互协调。

一、礼仪教育作用

教师礼仪素养的教育作用,是指教师通过礼仪素养的学习,培养高尚思想信念,形成良好职业风范,塑造理想社会人格,从而提高教师的精神境界和意识水平,强化教师的事业心、责任感和荣誉感。

教师礼仪素养的教育作用会帮助教师正确认识自己劳动的社会价值和重要意义。教师在传播人类文明、启迪人类智慧、塑造人类灵魂、开发人类资源、弘扬和培育民族精神等方面都发挥着不可替代的重要作用。可以说,没有教师,社会文明的传播和发展就会大大延缓,社会进步就会大大推迟。同时,教师的教育工作也牵动着千家万户,关系到每一个人的发展和幸福。因为一个人的前途如何,发展状况怎样,除了个人主观的努力之外,很大程度上取决于他们所受的教育,取决于教师的引导。另外,教师的教育工作还具有自身的个人价值。教师在献身教育事业的过程中,同样也造就了自己,创造了自己的人生辉煌,他们在辛勤工作的同时,也收获了其他工作和劳动所无法享受到的幸福和乐趣。

二、礼仪调节作用

教师礼仪素养的调节作用,是指通过教导、评价等方式,指导和纠正教师的职业行为,协调教师工作中的各种关系,它是教师礼仪素养的最基本也是最重要的作用。

在教师教育教学工作全面展开的过程中,存在着多方面的关系需要调节,诸如,教师与学生的关系、教师与学生家长的关系、教师与同

事的关系、教师与领导的关系以及教师与社会交往的关系等等。同时，教师在职业生涯中，也会经常出现各种利益矛盾冲突。协调这些关系、解决这些矛盾都需要依靠教师礼仪素养作有效地调节，这样才可以使教师的工作有一定的制度和秩序的约束，教育工作始终处于一种和谐融洽的氛围中，形成良好稳定的教育教学环境，从而保证各项工作的顺利开展和进行，保证教育教学效果和任务的最终完成。

三、礼仪导向作用

教师礼仪素养的导向作用，是指教师礼仪素养为教师的职业行为指明了正确的方向。它集中体现在教师的礼仪素养的内容和要求之中，体现在教师教育教学工作的方方面面。

教师礼仪素养的约束和规范以其固有的内容为标准，可分为两种类型，一种是应当怎么做，另一种是不应当怎么做。例如，我国教育部 2008 年修订的《中小学教师职业道德规范》中关于"关爱学生"的规定，属于应当怎么做的行为准则有："关心爱护全体学生，尊重学生人格，平等公正对待学生。对学生严慈相济，做学生良师益友。保护学生安全，关心学生健康，维护学生权益。"属于不应当怎么做的行为准则有："不讽刺学生，不挖苦学生，不歧视学生，不体罚或变相体罚学生。"对"体罚学生，经教育不改"的行为，应"由学校、其他教育机构或者教育行政部门给予行政处分或者解聘"、"情节严重，构成犯罪的，依法追究刑事责任"。这些"应当怎么做"和"不应当怎么做"的行为准则，明确具体，为教师礼仪素养和礼仪行为指明了方向。

四、礼仪促进作用

教师礼仪素养的促进作用，体现在教师对教育教学工作的顺利完成与社会主义精神文明建设的伟大进程中。这种促进作用表现在教师教育教学工作中，是指教师若能严格遵从教师礼仪素养的规范和要求，将有利于教师在工作中选择正确的言语动作，避免错误的行为举止，从而保证教育教学工作的顺利进行，取得良好的效果。

教师的礼仪素养对于社会精神文明建设也具有一定的促进作用。首先，教师礼仪素养本身属于社会精神文明建设的一部分，加强师德建设，营造良好的教风和校风，对于其他行业乃至整个社会风气的建立都将产生积极的影响。其次，教师礼仪素养将通过学生辐射给社会，教师高尚的思想品质和良好的行为风范，会对学生的健康成长产生巨大的潜移默化的影响。一批批的学生带着这种潜移默化的影响，离开学校走向社会，在各自不同的生活和工作中又会自觉不自觉地去影响他人。另外，教师礼仪素养还会通过教师本人的言行举止直接影响身边的人，诸如：家庭成员、亲朋好友、左邻右舍等，从而促进整个良好社会风尚的形成。

【礼仪小故事】

作家魏巍在《我的老师》一文中写道："最使我难忘的是我小学的老师蔡云芝先生，她爱我们，课外的时候，她教我们跳舞，假日里，她把我们带到她家里和女朋友的家里。在她女朋友的园子里，她还让我们观察蜜蜂，也是在那时，我认识了蜂王，并且平生第一次吃了蜂蜜。她爱诗，并且爱用歌唱的音调教我们读诗，直到现在我还记得她读的音调，还能背诵她教我们的诗。今天想来，她对我接近文学和爱好文学，是有着多么有益的影响！像这样的老师，我们怎么会不喜欢她并且愿意和她亲近呢？即使她写字的时候，我们也默默地看着她，连她握笔的姿势都急于模仿。"

第三节 教师礼仪素养的规范要求

2007 年 8 月 31 日,胡锦涛总书记在全国优秀教师代表座谈会上发表重要讲话,对全国广大教师提出了"爱岗敬业、关爱学生、刻苦钻研、严谨笃学、勇于创新、奋发进取、淡泊名利、志存高远"的殷切希望。他特别指出,"高尚的师德素养,是对学生最生动、最具体、最深远的教育"。教育部在《中小学教师职业道德规范》中新修订的六条教师职业礼仪素养基本内容,正是对于学生爱和责任的核心和灵魂,体现了教师礼仪素养的本质要求。

一、爱国守法

爱国守法,就是要求教师热爱祖国,遵纪守法。它是对教师礼仪素养的基本要求。

热爱祖国,是每个中国公民,也是每个教师的神圣职责和义务。苏霍姆林斯基说过:热爱祖国,这是一种最纯洁、最敏锐、最高尚、最强烈、最温柔、最有情、最严酷的感情。一个真正热爱祖国的人,在各个方面都会是一个真正的人。

建设社会主义法治国家,是我国现代化建设的重要目标。要实现这一目标,需要每个社会成员知法守法,用法律来规范自己的行为,不做法律禁止的事情。教师更应努力提升自己的守法境界,将守法由外在的必须变成内在的自觉。像重视专业知识一样认真掌握一切与教育有关的法律、法规,深入学习《宪法》、《义务教育法》、《教师法》、《教育法》、《未成年人保护法》、《预防未成年人犯罪法》等相关法规,完整准确地理解其精神实质,树立全面依法执教的观念。

二、爱岗敬业

爱岗敬业，就是要求教师对教育事业具有强烈的责任感和深厚的自豪感。它是教师礼仪素养的本质要求，是决定教师工作能否取得成功的重要条件。

教师要始终牢记自己的神圣职责，志存高远，把个人的成长进步同社会主义伟大事业、同祖国的繁荣富强紧密联系在一起，并在深刻的社会变革和丰富的教育实践中履行自己的光荣职责。作为教师，只有充分认识教育工作的重要意义和自己作为教育工作者的神圣使命，才会产生对教育工作真挚、深厚的感情，才会做到以献身教育事业为荣，以从事教育工作为乐，甘为人梯，乐教勤业，满腔热情地积极投身到教育教学过程之中。兢兢业业地工作，潜心探求教育规律和教育对象的身心发展特点，力争使自己所从事的教育教学工作成为顺应时代、符合社会规律的活动。

在教师岗位上，没有令人羡慕的地位和权力，没有显赫一时的名声和财富，也没有悠闲自在的舒适和安逸，这就需要教师要有一种甘于清贫的恬淡情怀。当然，教师合理的个人利益的满足是其生存和发展的客观基础，因此，教师追求自身的正当利益无可非议。但是，教师对利益的追求是以其动机和手段是否符合社会职业素养和道德为取舍的。只有教师在心中树立起甘于清贫的丰碑，才会抵御物欲、严守心中的理想，不为名利所累，不为荣辱所动，全心全意为学生服务，为教育事业奉献。

三、关爱学生

关爱学生，就是要求教师有热爱学生、诲人不倦的情感和爱心。关爱学生是教师礼仪素养的灵魂，表现为教师对于学生的关心、给予、尊重、接受、赏识、责任等。

关爱学生，不仅仅是一种情感，更是一种能力、一种态度。古今

中外的教育家，凡在教育工作上取得卓越成就的，无不是在相互理解的基础上，关心学生，爱护学生，与学生相互尊重，平等相处，同时，又深受学生的爱戴和崇敬。我国古代教育家孔子，与学生有着亲密无间的关系，他对学生的道德修养、学习和生活表现了深切的关怀。瑞士教育家裴斯塔洛奇始终与学生生活在一起，他曾说过，学生的幸福就是我的幸福，学生的快乐就是我的快乐。

爱是沟通学生心灵，启迪学生智慧的桥梁。在教育教学过程中，教师关爱学生，为学生的身心健康发展创造一种良好的气氛和环境，使学生能体验到爱所带来的积极向上的情感，懂得社会生活中人与人之间应有的真实关系。同时这种师爱更容易激发学生热情、认真、自信的思想状态和轻松、愉悦、舒畅、欢快的心境，这种良好的情绪体验会发生迁移，使学生努力、自觉地化解学习上的压力和发展上的困惑，消除烦恼、痛苦、紧张、自卑等不良心态和消极反应。反之，师生关系紧张，学生感受到的只是被冷漠、被轻视、被遗忘的情感体验，他们就会认为世界是冷酷无情的，久而久之，就会产生憎恨、仇视等心理。一旦学生步入社会，这种负面情绪就会影响到他们对整个社会现实的情感和态度，致使他们对社会的公正失去信心，甚至做出危害他人、危害社会的极端举动，走向刑事犯罪的错误道路。

【礼仪小贴士】
不正确的爱生观浅析

1、家长型

这是一种传统家长式的师爱，这种爱很大程度上建立在自尊、利己和虚荣的基础之上。它强调教师的主体地位，压抑学生的个性，主要表现为教师的强制压服和学生的绝对服从。在大力提倡主体性的当今社会，这种爱显然是不正确的，难以被学生理解和认同。

2、保姆型

在班级管理中，有些教师对学生的感情近似于溺爱，他们对学生缺乏严格要求和基本期待，事事包办代替，从不轻易放手。年龄较小的学生可能认为这是教师对他们的关心和爱护，但是随着学生年龄、思想、见识的长大和成熟，这种认同感会产生改变。他们会认为：不给他们锻炼的机会是对他们能力的蔑视和剥夺。因此，保姆型的教师是"出了力"，却并不见得"讨了好"。

3、暖水瓶型

有些教师面对学生，不苟言笑，过于严肃。这些教师的师爱，表现的是外冷内热，内心似火却面如冰霜。他们认为，师生之间应该保持一定的距离，不能亲近友好，只有这样，才能维护教师的尊严和威信。事实上，这种暖水瓶式的师爱，一定程度上反映了教师仍然没有摆脱传统的"师道尊严"的影响，久而久之，学生会对教师产生恐惧心理，不敢对教师讲真话，致使师生情感和心灵的交流出现障碍，师生关系冷淡和疏远。

4、势利型

一些教师对优秀生和普通生的爱表现出极端的两极分化。对于优秀生，爱意溢于言表；对于普通生，则完全忽视或冷处理，那些后进生更是被教师遗忘在角落。青少年学生是发展中的人，其智力、个性、品德等成长尚未定型，具有极大的可塑性。这种嫌"贫"爱

"富"的畸变心态,有损教育公平、公正的主旨,更不利于学生的正常发展。

四、教书育人

教书育人是对教师礼仪素养提出的基本要求,是教师的主要责任和义务。分开来讲,教书是指向学生传授系统的科学文化知识,培养学生的科学文化素质,发展学生的智能,即所谓"授业解惑";育人是指教师通过教育和教学活动以及自己的行为举止对学生进行政治、思想和道德教育,促进学生的心理发展,即所谓"传道"。

"传道"与"授业解惑"是不可分割的统一过程,二者相互作用、渗透、相辅相成。教书是育人的手段,育人是教书的目的。两者是辩证的统一体,水乳交融在整个教学过程之中。既不能"无教学的教育",也不能"无教育的教学",两者不可偏废,这种教书育人的有机结合,是不以人的意志为转移的客观规律。

教师的礼仪素养要求教师在教书育人这两个方面都必须讲求教育教学艺术,采取有效的方法。教书,是教学工作的中心环节,是教师的业务水平和教学能力的反映。为了使学生掌握系统知识,发展智力、能力,教师必须熟悉讲授法、谈话法、指导法、讨论法、实验法等有效的教学手段,而且能够根据需要正确运用,达到寓教于乐、事半功倍的效果。

育人的工作,是要求教师在日常生活和学习中,与学生进行情感的交流,进行思想的教育和行为的引导。具体说来,主要有三种育人方法:

1.以理服人。

教师在给学生做思想政治工作时,不能只是单纯的说教,应当善于捕捉各种有利时机进行说理。对学生中的一些不良现象,不能简单训斥压服,而是要坚持正面教育。也可采取一些直观形象的方法,艺术性地发挥以理服人的作用。

2.以情感人。

教师在与学生相处的过程中，应该以高尚真挚的情感去感染和启发学生,努力与学生达到心理的协调和情感的一致。特别是当今新时代的青少年学生,他们接受信息多而快,对各种事物都有自己不同的见解和看法。做他们的思想教育工作,单靠说教、训斥,显然是行不通的。

3.以导育人。

因势利导,使学生的行为逐渐步入正轨,达到转变学生思想的目的, 这是教师育人的又一手段。青少年学生正处于青春发育时期,精力旺盛,蹦蹦跳跳,吵吵闹闹,有使不完的劲,有时不免情绪冲动,做出各种傻事和错事。教师要像大禹治水一样,采取"疏导"的方法,才能变消极因素为积极因素,收到良好的育人效果。

总之,教书育人是一门艺术,需要付出艰辛的劳动。在教育过程中,教师必须采取"晓之以理、动之以情、导之以行"的方法。对待后进生和某些特别生,教师更要用热诚的感情去温暖他们的心灵,用慈爱的甘露去洗涤他们的精神污垢。

【礼仪小贴士】

严格要求学生的四大原则

一要严中有爱

二要严中有度

三要严中有方

四要严中有理

五、为人师表

为人师表，就是要求教师在各方面都要做到言传身教，它是教师礼仪素养的优良传统，是教师在处理个人与学生、个人与事业、个人与社会关系时应该遵循的行为准则，也是教师职业对于教育工作者的特殊要求。

在面对思想和意识尚未发展成熟的青少年学生的教育过程中，教师要为人师表、以身作则，努力成为学生最好的榜样。为此，我们国家根据新时期的历史使命和教育任务，明确指出教师为人师表的礼仪素养规范是"模范遵守社会公德，衣着整洁得体，言语规范健康，举止文明礼貌，严于律己，作风正派，以身作则，注意身教"。

教师要充分认识到自身行为的榜样示范作用，努力使自己成为学生仿效的表率。我国现代教育家陶行知先生把"为人师表"解释为：要学生做的事，教师要躬身共做；要学生学的知识，教师要躬身共学；要学生守的规则，教师要躬身共守。著名教育家、文学家叶圣陶先生更是把"教育工作者的全部工作"概括为"为人师表"。可见，为人师表是教师礼仪素养的重要内容和显著标志，它要求教师必须严于律己，在各方面做学生的榜样和世人的楷模。

六、终身学习

终身学习，是时代发展对教师的要求，也是教师职业特点所决定的。教师必须树立终身学习理念，潜心钻研教育教学理论，不断加强自己的礼仪素养学习和业务学习，不断调整自己的知识结构，丰富完善自己的知识基础，勇于探索创新，进一步提高自己的思维能力和教学水平，扩充教育科学的深度和广度。

"活到老，学到老"。就一般意义而言，人的生命过程就是一个不断向书本、向社会和生活实践学习的过程。在从教的过程中，教师会随时遇到一些未知的领域和需要探究的东西。终身学习,这是教师的立身之本和发展之源。教师在成就学生的同时也在成就自己,"教学相长",在瞬息万变的现代社会,教师需要和学生一起发展进步。因而,教师必须要对自己的学术体系进行重构,拓展自己的文化视野,积累与学科相关的边缘知识,研究掌握现代教育理论和教育技术,把自己培养成专家型教师,这样才能从容驾驭日益开放的课堂,成为学生终身学习的典范。

【礼仪小故事】

有一位特级教师在讲《木兰辞》时,听到有个学生说:"写得倒蛮好的,不过是假的,吹牛。"别的学生也跟着七嘴八舌地说:"同行十二年,这么长时间不知道木兰是女郎,根本不可能。""是啊,一洗脚,小脚就藏不住了。"……面对这些议论声,这位教师说:"南北朝时期妇女还不裹小脚。"一个学生又问:"那么中国的妇女是什么时候包小脚的?"这一来,可把教师问住了。谁会想到从木兰从军竟会扯到妇女裹足的问题呢?课后,她立即查阅了好些书,才从《陔余丛考》中查到了"弓足"的说法,知道中国妇女在五代始有裹足之事。后来她把这一知识信息告诉学生,学生也为她的求知精神所感动。①

---

① 刘大汶主编:《教师修养》电子工业出版社 1990 年版,第 120 页。

第四节　教师礼仪素养的原则

教师礼仪素养，不仅是教师职业准则转化为教师礼仪行为的重要手段，而且是教师品格素养自我完善的重要途径。在教师的职业礼仪素养中，存在着三种修养境界，即经师、能师和人师。"经师"，旧时指讲经大师，只顾埋头教书，忽视育人是经师的写照；"能师"，比"经师"进了一步，是指教师在教授知识的同时，注意了能力的培养，力求把"双基"落实；"人师"，指教师以人为本，在教书的同时，更加关注学生的身心发展，把纯粹、单调的知识传授贯穿于感化学生的情感、态度、世界观，也就是把学生真正看作独立的"人"来教育。

古语云："经师易遇，人师难遭"。可见，人师是教师礼仪素养的最高境界。达到"人师"境界的教师，不仅会教书，而且能育人，能在教育教学过程中以高尚的品格修养、规范的行为礼仪来塑造学生，启迪学生的智慧，开发学生的潜力，对学生的未来产生重要深远的影响。因此，作为一个教师，应该不断加强礼仪素养的提升，在思想、文化、行为等方面进行自我完善、自我磨炼，成为人之模范。具体说来，在这个过程中，要遵循以下几方面的原则：

一、知与行相结合原则

教师在提升礼仪素养过程中，必须坚持知与行的统一。教师礼仪素养不仅仅是一个理论问题，而且也是一个实践问题。从教师的礼仪观念、礼仪意识到教师的礼仪行为，都是在社会实践和教育教学过程中形成和发展起来的。教师只有在教育教学实践中，比如处理自己与学生、与家长、与同事以及与其他社会成员之间的关系时,才能对自己的行为是与非、善与恶有明确的认识,也只有把所学的礼仪素养放在实践中去检验,才能知道自己的素养水平是高是低,行为举止是对是错。

毛泽东同志在《实践论》中指出:如果有了正确的理论,只是把它空谈一阵,束之高阁,并不实行,那么,这种理论再好也是没有意义的。试想,倘若教师脱离实践去学习礼仪素养,那么怎么可能收到良好的效果呢?因此,实践不仅是教师礼仪素养表现的根本途径,而且是检验教师礼仪素养成效的标准。

二、自律与他律相结合原则

所谓自律,是指行为主体以一定的行为标准、规范进行的自我约束、自我管理。自律既是教师礼仪素养的基本要求,也是教师职业品质的一个考验。自律以责任心、使命感、价值观、理想和信念为基础。作为一名教师,自律水平的高低,直接反映其道德水平的高低。一个自律水平较高的教师,会在教育教学过程中处处严格要求自己,事事率先垂范。反之,一个自律水平较低的教师,可能在一定情境下,由于外在条件的约束和压力被动地选择符合教师礼仪素养的一些行为,一旦这些外在约束和压力消失,他仍然会我行我素,不去恪守教师礼仪规范。

他律则是由外在因素来要求、规范教师礼仪素养的职业准则,既包括制度约束、舆论监督的作用,也包括法律的强制力以及道德教育的作用等,他律具有一定的被动性和强制性,是教师礼仪素养的外在动力和外部条件。例如,当教师个人利益与他人利益、集体利益、社会利益发生冲突时,一方面教师的内心意志、信念和思想、道德价值观会促使教师做出正确的选择;另一方面外在的制度约束、舆论监督的压力也会对教师的选择产生影响,迫使教师必须做出符合教师礼仪素养的一些行为。

因此,教师礼仪素养的形成,离不开他律的要求,它会帮助教师逐渐地由被动接受变为主动内化,完成由他律向自律的转变,达到二者完美的结合。

【礼仪小摘录】

这几天,我因学校分房待我不公而心情不好,教课及班主任工作都没有了兴趣。但昨天,我在办公桌上收到班上学生写给我的一封信,竟使我改变了心境。

信的内容首先是感谢我能教育他们要有"大志"、"大气",要有"大行不顾细谨,大礼不辞小让"的气概。接着说班上同学正在议论纷纷,说我因分房问题而情绪低落,工作懈怠。最后是向我请教两个问题:一是问我的理想是什么? 二是问我如何处理理想与一般事务的矛盾? 落款处没有署名。看得出,学生们的信写得很谨慎,但我还是从字里行间看出了尖锐的质疑:"老师,你教育我们要有'大志'、'大气',可你自己呢?"看完信,我感到很是尴尬,脸上一阵阵发热。学生的"逆耳忠言"如同给我注入了一剂清醒剂,及时地帮助我镇定了情绪。作为教师,不能因一时的得失而忘记了自己的职责,在学生心中留下阴影。经过一夜的思考,我终于战胜了自己。第二天,我在班上首先感谢了那位写信的同学,然后郑重表明了我的态度。全班同学微笑着、热情地为我鼓掌。事后我领悟到:要育人,得先要学会做人;学会了做人,才能育好人。我对"教师是人类灵魂的工程师"一语的含义有了更深的理解。①

三、动机与效果相统一原则

动机和效果属于哲学范畴。动机是指人行为的主观愿望,效果

---

① 廖衍尚:《育人与做人》,载于《人民教育》1999 年第 8 期,第 33 页。

是指人实践的客观结果。任何行为都是由一定动机引起的,动机是效果的行为指导,效果是动机的行为体现和检验根据。动机和效果是辩证统一的,但二者的统一是一个复杂曲折的过程。有时客观效果并不能完全反映动机,好的动机不一定收到好的效果。判断任何事情既要看动机,又要看效果。

判断一个人修养行为的好坏与否也不例外。判断教师礼仪素养水平的高低,不仅要看教师怎么说,而且要看教师怎么做,更重要的是要看做的效果如何。所以,教师在学习礼仪素养时,一定要坚持动机与效果相统一的原则,不能仅从动机出发,把动机作为判断或评价行为的标准而不看效果。当然也不能简单地用效果作为衡量行为的标准,把"歪打正着"视为道德的行为,而应注重动机与效果的辩证统一。正如毛泽东同志所说:这里所说的好坏,究竟是看动机(主观愿望),还是看效果(社会实践)呢? 唯心论者是强调动机否认效果的,机械唯物论者是强调效果否认动机的,我们和这两者相反,我们是辩证唯物主义的动机和效果的统一论者……

四、继承与创新相结合原则

中华民族历来十分重视礼仪素养,尤其是对于担负"传道、授业、解惑"的教师而言更是如此。传统教师礼仪素养不仅是对教师个人德、业、学、识、品、行诸方面的要求,更上升到劝君臣、正民风、安邦国的高度。传统教师礼仪素养所倡导的内容极为丰富,包括为人师表、因材施教、有教无类、循循善诱、诲人不倦等等。这些传统教师礼仪素养仍是今天教师应当恪守的道德规范。

在当今党中央号召和要求全面实施素质教育的整体目标之时,教师礼仪素养教育尤为重要。它不仅引领新形势下我国的教育思想、教育方向,而且成为教师不断更新教育观念、完成人才培养任务的不竭动力。因此,教师在学习礼仪素养时,要始终坚持继承

优良传统与弘扬时代精神相结合的原则。既要继承中华民族几千年形成的礼仪素养传统，又要积极借鉴世界各国教师礼仪建设的成功经验和先进成果，使教师礼仪素养既体现优良传统，又反映时代特点，与时俱进，从而培养出更加全面、优秀的社会主义新阶段的接班人。

【礼仪格言】

先生不应该专教书，他的责任是教人做人；学生不应该专读书，他的责任是学习人生之道。

——中国现代教育家陶行知

教师是克服人类无知和恶习的大机构中的一个活跃而积极的成员，是过去历史所有高尚而伟大的人物跟新一代人之间的中介者，是那些争取真理和幸福的人的神圣遗训的保存者……是过去和未来之间的一个活的环节。

——前苏联教育家乌申斯基

第五节 教师礼仪素养的提升方法

我国历史上的思想家都非常重视礼仪素养，曾探索过许多具体的提升和修行的方法。例如，儒家学派先后提出的"内省"、"致知"、"诚意"、"读书"、"修身"等，道家学派提出的"寡欲"、"无为"等，禅家提出的"不修而修"等方法。其基本特征就是将道德论与认识论融为一体，突出主体内在的理性自觉、自为。我们在继承古代礼仪修养方法的同时，将其与当今的社会实践相结合，提出如下教师礼仪素养提升的方法，以供广大教师借鉴。

一、不断学习

学习是提升教师礼仪素养的基本方法。知识与德行之间有着一定的内在联系。古希腊大哲学家苏格拉底认为：美德出于有知，知识是一切德行之母。因此，教师在提升礼仪素养过程中，首先要学习礼仪素养知识，了解礼仪素养规范和要求；学习中国传统的孔孟等百家做人、为师的理念，学习古今中外的教育策略等；学习先进人物的优秀事迹、为人处世的真知道理等。这是教师提升礼仪素养的前提，对教师的礼仪行为起着直接的指导作用。其次，还要学习礼仪素养之外的其他科学文化知识。教师通过这些知识的掌握，有助于加深自己对礼仪素养的整体认识，有助于树立正确的世界观、价值观，最终能在各方面真正以身作则，为人师表，率先垂范，成为深受学生欢迎和热爱的优秀教师。

【礼仪格言】

积土成山,风雨兴焉;积水成渊,蛟龙生焉;积善成德,而神明自得,圣心备焉。故不积跬步,无以至千里;不积小流,无以成江海。

——古代哲学家荀况

二、勇于实践

实践是检验真理的唯一标准,也是教师礼仪素养提升的主要方法。教师礼仪素养的提升目的,不仅仅是通过学习树立礼仪观念、培养礼仪意识,更重要的是要养成礼仪行为。而养成礼仪行为的关键是身体力行、勇于实践。一方面,实践是个人礼仪观念的认识来源,教师只有在教育教学活动中、社会交往过程中,才能正确认识教师与学生、教师与家长、教师与同事以及教师与其他社会成员之间的各种相互关系。另一方面,实践又是提升礼仪素养的内在动力,正是在勇于实践的过程中,使我们不断思考和规范行为礼仪,改变行为举止。因此,教师应在教育教学活动和社会生活过程中,潜心观察自身存在的礼仪问题,科学分析其存在的原因和危害,并积极主动进行及时的调整,从而使自身的教师礼仪素养得到不断提升。

三、自省慎独

自省慎独是提升教师礼仪素养的必要方法。儒家学派在《论语》中提出:“吾日三省吾身。”意思就是每天都要反复检查、反省自己的言行举止,以便发现有违背礼仪规范和伦理道德之处,做及时纠正。孔子主张:“见贤思齐焉,见不贤而内自省也。”意思是,看到别人有好的地方,我要向对方学习;看到别人有不好的地方,要对照自己,自我反省,引以为戒。自省作为教师提升礼仪素养的必要方法,是指教师自觉进行思想反思的过程。其作用有两点:一是接受和认同礼仪规范,形成积极的礼仪价值观念和礼仪意识,变外在规范为内在要求;二是反思自己的礼仪行为,及时调整自己的价值取向并纠正不良行为举止。

"慎独"一词出自儒家经典《礼记·中庸》:"道也者,不可须臾离也,可离非道。是故君子戒慎乎其所不睹,恐惧乎其所不闻。莫见乎隐,莫显乎微,故君子慎其独也。"意思是说,真正的君子在独处无人注意时也要谨慎不苟,绝不因处事隐蔽而放纵,绝不因私心萌动而不觉。之后,"慎独"又被宋明理学家所推崇。"慎独"既是礼仪素养的最高境界,又是一种道德修养的重要方法。"慎独"强调自律,要求在一个人独处时,也能坚持礼仪信念,按照礼仪规范的要求去做。"慎独"作为提升教师礼仪素养的必要方法,对教师礼仪素养行为的自我完善起着特殊的作用,也是衡量一名教师内在思想意识和道德规范修养的重要标准。

【礼仪小故事】

周恩来同志常说:"有错误要逢人便讲,即可取得同志的监督和帮助,还可以给同志们以借鉴。"吴玉章同志到 81 岁高龄,还因为"常常觉得自己有缺点、错误不能免"而自责,并为自己写下了感人至深的座右铭:"我志大才疏,心雄手拙。好学习而学问无专长,喜语文而语文不成熟。无枚皋之敏捷,有司马之淹迟,是皆虚心不足,钻研不深之过。年已八一,寡过未能。东隅已失,桑榆非晚。必须痛改前非,力图挽救。戒骄戒躁,勿急勿荒。"

第三章 教师形象礼仪

第一节 教师形象礼仪的重要意义

教师形象，指教师在一定的职业道德要求下，表现在穿着打扮、言谈举止、待人接物、行为表现等方面所特有的气质风范。

教师是知识和文明的传播者，是美的化身。教师的形象不仅会给受教育者留下深刻的印象，而且会对他们的修养情操、行为习惯，产生耳濡目染、潜移默化的影响。为此许多教育家认为，对于中小学生来说，教师的形象起着"教育工具"的作用，而且是最直观、最形象的教育手段，中小学生最容易从中受到影响。特别是年龄较小的学生，因其向师性、模仿性、可塑性极强，对教师的道德修养、文化底蕴缺乏理性逻辑的判断分析，仅是从感知的角度去理解记忆，久而久之，朝夕相处中，很容易受到教师外在形象的同化。因此，教师形象的好坏，直接影响着国家未来的民族素质和整体形象，具有十分重要的现实意义。

一、良好的教师形象有利于建立深刻的"第一印象"

虽然说"人不可貌相"，但现实生活中，初次见面，教师的仪容举止就是会作为"貌相"而成为学生或他人的"第一印象"。因为最先被别人感知的就是一个人的外表，何况爱美之心人皆有之，学生同样追求并崇尚美好的形象。一个仪表整洁端庄、言谈举止文明的人，会使交往对象感到有教养、诚实可信；反之，一个不修边幅、随意粗俗的人，则会使人嗤之以鼻，敬而远之。

求知中的学生第一次接触教师时，会仔细观察教师的一言一行、仪表装束，从而在心理上为教师定位，为自己和教师的关系划定距离，是可亲可信，还是反感讨厌。当然在课堂教学和日后的接触中，教师的德、才、学、识会让学生逐步得到了解，但教师的内在素养和外在形象的有机结合，会在学生的"第一印象"中留下深刻的印象，这无疑对教师以后的工作是大有益处的。

二、良好的教师形象有利于提高教师的威信

教师的威信是一种巨大的教育力量，它的形成不仅仅受教师的思想道德、业务素质等方面的影响，同时也受教师形象的影响。例如：仪表整洁、举止文雅的教师形象，能使学生在无形中对教师产生好感和尊重，从心里愿意接近教师，认真听教师的话，积极跟随教师学习，有助于教师在学生心目中树立起威信。反之一个不注意个人仪表风度（衣衫不整、蓬头垢面、浓妆艳抹、行为欠检点等）形象欠佳的教师，学生会从心理上引发厌恶感，甚至于瞧不起这样的教师，成为学生背后议论的对象。这样，教师威信的建立便大打折扣，甚至无从谈起。

三、良好的教师形象有利于提高教师的工作效率

目前教师完成职业任务的主要途径仍然是"言传身教"。教师仪表的端庄、整洁、大方，可以获得学生的尊重和信赖；教师举止风度的优雅、脱俗、从容，可以给学生良好的学者印象；教师谈吐的文明雅致、富有情趣，会拉近和学生心灵之间的距离。这样学生就会"亲其师"而"信其道"，主动积极地和教师交流、互动，从而顺利地完成教育教学任务，提高教师的工作效率。

四、良好的教师形象有利于塑造学生的形象

"近朱者赤,近墨者黑"。教师个体的形象能够直接影响到学生形象的塑造。学生在求学阶段正处在世界观、人生观、价值观逐步形成的时期,有时学生中可能会出现刻意追求时尚的现象,例如把头发染成五颜六色,口中讲些所谓"新新人类"的言辞等。但他们会在与教师的交往中,通过对教师形象的观察、模仿和思考,去肯定自己与教师形象相符合的特征,否定与教师相违背的特征,从而逐渐形成对自己形象的定位。因为学生的年龄越小,在其意识中,教师便越值得尊敬和学习,这也是家长口中常提到的"孩子只听老师的话"的原因。即使到了高年级,学生的眼界视野开阔了,兴趣爱好范围扩大了,但教师仍然是学生模仿的榜样,是学生生活中的重要人物,教师的形象礼仪仍然对学生的形象确立起着导航、引路的作用。

【礼仪摘录】

教师肩负着为社会培养人才的神圣使命,因此只有专注于自己所从事的职业,心无旁骛,才能实现对知识、对人生、对社会的深刻感悟,才能在教学技艺和教学研究方面有所创造,才能堪称人师。

当今,商品经济的大潮波及社会的各个领域,也影响到教育。教师能否在这当中保持清醒的头脑、稳定的心态和坚定的信念,这是关系到教育事业成功与否的关键。一个教师需要在教学第一线潜心磨炼,才能练就一身真功夫。如果心神不定,闻风而动,就会使大好年华随波逐流,最终一无所获。因此,在教师中树立起"宁静"的形象是非常必要的。

"宁静"并不意味着两耳不闻窗外事,而是以宁静的心态、敏锐的观察力来分析社会,并将有益的东西引入教学中。"宁静"意味着执著、忘我、成熟和超越。

一个心灵纯净、敬业爱岗、无私奉献的教师,其形象就凝聚在对学生的谆谆教导中，凝聚在执著的追求中，凝聚在高尚的人格中。教师形象没有固定的模式，它是共性和个性的统一。所谓共性是指教师职业特点应具备的一般行为风格和人格特征，如勤俭、自尊、勤奋、谨慎、朴素大方、举止端庄等。不同时代的人们，对教师角色的期待也不同。新一代教师形象应包括如下特征：富有创造性，讲求效率，敬业爱岗，无私奉献，情感丰富、深沉、高尚，意志坚韧，个性鲜明，衣着简朴大方、和谐美丽等。所谓个性是指教师自身具备的认知风格、行为风格、道德品质、情感和意志等特点在日常活动中的表现。教师要在具备了一定共性和个性的基础上，充分发挥自身的优势，树立鲜明的个性形象。

教师要树立起良好的形象，首先必须了解人们对教师角色的期待和自身的特点，必须经过长期的磨炼，不断提高和增强内在的素质。只有内强素质，才能外树形象。要做到内强素质，必须学会"宁静"，因为只有"宁静"，才能不辱使命。①

第二节　教师仪表礼仪

仪表指人的外表，包括仪容、服饰等。质于内而形于外，仪表是个人素养和品位的体现。教师仪表是教师礼仪规范的内容之一，学生在接受教育的同时，也会观察模仿教师这一个体，教师良好的仪表可以使学生精神愉悦思想专注，同时对于学生审美观的形成，也起着重要的促进作用。

---

① 　王玉秋：《宁静致远》，载于《人民教育》1997 年第 4 期，第 24 页

一、仪容礼仪

仪容是仪表的主要内容,即一个人的容貌,包括头部和手部。仪容在现代社会中是可以进行修饰的。教师的仪容修饰要注意遵循以下几方面的原则:

第一,必须根据自身的具体情况进行修饰,以自然得体为宜。因为仪容的修饰,是要起到美化自身的目的,应以取得交往对象的认可为标准。大可不必模仿别人,原搬照抄别人修饰打扮的样子和方式。应以自然美为基调,"清水出芙蓉,天然去雕饰。"如把头发梳理整齐,把脸洗干净,把牙齿刷干净,口腔保持清爽,就可以了。切莫为追求美而弄巧成拙,反而显得不伦不类,损坏自己的本来形象。

第二,教师适当的仪容装扮能表现出对生活、对事业的热爱,以及对自己、对他人的尊重,但要做到淡雅清逸,自然大方,要考虑时间、地点、场合等因素,不要过度。一般来说,女教师在晚间、天气较冷、距离较远、空间较大时适宜浓妆;白天、天气较暖、距离较近、空间较小时就宜淡妆。香水应选用与自身体味相一致、淡雅的香型,不能有刺鼻的气味。唇彩、化妆品的使用更要讲究,要在美化的同时注意科学性,不能对身体产生伤害。

第三,仪容修饰要与交往对象和环境相协调。教师在教学工作中,大部分时间是面对学生的,因此仪容修饰应简单、活泼,给人以清新自然之感;如果出席晚会或大型的校园活动,或与重要领导、公众人物会面时,仪容则应进行精心的修饰,并且要考虑与自己的服饰相协调,显得庄重得体,高雅大方。

具体的教师仪容礼仪包括四个方面:

1.发式。

发式是仪容的一部分,它处于人体的"制高点",是他人一目了然,视线最先注意的地方。教师的发式除考虑自身条件外,要选择端庄、自然、整洁的发型。既不能太老土不加修饰,也不能太夸张前卫,过分地张扬和凸显个性,要符合教师岗位规范的要求,经常保持干净整洁。

一般男教师的发型要求是:前发不覆额,侧发不掩耳,后发不及领。不能留大鬓角,不能剃"阴阳头",更不能在发型上不男不女,让人"难辨性别"。如老年男教师以"背头"发式为好,这种发式既与老年知识分子的气质相符,又可掩饰老年男教师秃鬓、谢顶的缺陷;体胖、颈短、脸宽的中青年男教师理平圆式、短长式较适合,它可使头部相应显得长些,以弥补其自身之不足;大众化体型特征的男教师则通常以圆头式、中长式为宜。

女教师的发型要比男教师复杂些。一般不能过短,不能留怪异发型,不能把头发染成过多的杂色,上课或工作中,不能让头发披散,遮挡脸面。一般来讲,中年女教师多以直发类的弧式和平直式为好,这既符合中年女教师成熟的气质,也更显得端庄、素雅;矮胖、圆脸的青年女教师则以"马尾式"的发辫为佳,它不仅可使体型显得修长而弥补矮胖的不足,更具有东方青年女性的传统美;瘦长、脸窄的青年女教师不妨选择卷发式,它可使面部和颈部显得丰满,且又"飞云不散",雅致大方。

2.面容。

面容是人的仪表之首,要注意清洁与适当的修饰。教师的面容要干净、整洁、文雅、美观。坚持以正确的方法勤洗脸,可以促使面部皮肤得到良好的血液循环和新陈代谢,使人清清爽爽,充满朝气,容光焕发,富有活力。男教师应养成每天修面剃须的良好习惯,鼻毛应剪短,不留胡子。女教师可根据自身条件适当化妆,以期扬长避短,但应以浅妆、淡妆为宜,原则上是要"简约、清丽",不能浓妆艳抹,避免使用气味浓烈刺鼻的化妆品。

图一:男教师的面容

图二:女教师的面容

【温馨提示】

脸部皮肤保养小常识

洗脸的正确顺序是先从多油垢的"T"地带洗起,接着是鼻子和下巴,然后再洗面颊与眼部四周,最后清洗耳部、颈部及发际、眉间等。

对于不同的皮肤,如干性、中性、油性,洗脸可不同对待。干性皮肤,可以在玫瑰浸泡的水中加入少许蜂蜜,湿润整个面部,用手拍至干燥。每晚坚持2~3次,就能让面部肌肤光滑细腻;油性皮肤,可在热水中加入少许白醋,能够有效去除面部过多的皮脂、皮屑和尘埃,使皮肤更富有光泽和弹性;中性皮肤,可以在晚上用冷水洗脸后,再用热水捂脸片刻,然后轻轻抹干。

另外,经常保证充足的睡眠,养成多喝水的习惯,合理搭配饮食,保持乐观向上的情绪等等,都是最好的"润肤剂"。

3.手部。

手,在人的所有器官中使用频率很高。手、手指和指甲与人体其他部位一起,在社会交往和日常工作中,组成了人尤其是教师的整体风采,堪称为自身的"第二名片"。因此,手部也极易被他人注意,保持干净是对它的基本要求。

教师应勤洗手(尤其是下课后),应经常修剪指甲,保持指甲的整洁,不要刻意蓄留长指甲,也不要涂抹有色、过浓的指甲油。注意手部的保养,避免粗糙、皲裂、蜕皮,使由手部产生的举止动作,能够得到学生和其他交往对象的好感和信任。

4.个人卫生。

教师要做到勤洗澡、勤换衣、勤漱口,上班前不能喝酒,忌吃葱、蒜、韭菜等有刺激性食品。注意口腔和身体卫生,不能留有异物和异味。在公共场合要讲究公共卫生,不随地吐痰,不乱倒污物,不随处吸烟。进餐时,应闭嘴咀嚼,不能发出咀嚼的声音;餐后如需剔牙,应用手或餐巾纸掩盖嘴角。与人交谈时,不应嚼口香糖,口角不能有白沫,更不能口水四溅。

二、服饰礼仪

服饰,是教师形象的重要外在组成部分。它不仅指服装,还包括鞋帽、首饰等其他物品。大而言之,它是一种文化,反映着一个民族的文化素养、精神面貌和物质文明发展的程度;小而言之,它又是一种语言,能体现出一个人的职业特点、文化素养、审美意识,也能表达出一个人对自己、对他人、对生活的态度。

日常生活中,人们常说:穿衣戴帽,各有所好。这说明穿什么衣服,带什么帽子,怎样搭配,如何装饰,仁者见仁,智者见智,没有定势。但作为"为人师表"的"灵魂工程师",教师的穿戴着装,教师的服饰仍然要遵循特殊的岗位要求,展示出职业道德规范,展示出教师形象应具有的礼节礼仪。

1.教师服饰装扮礼仪原则。

①教师的服饰装扮要表现教师职业的风范,做学生的楷模。

捷克教育家夸美纽斯在《大教学论》中指出:"教师的任务是用

自己的榜样来诱导学生。"前苏联作家车尔尼雪夫斯基则认为："教师要把学生塑造成怎样的人,自己就应该是这种人。"作为"教书育人"的教师,服饰必须符合"为师"的身份,具有"为师"的风度,要符合岗位要求,要在朴实大方的职业气质下,穿出自己的审美意识和审美品位,显示出深厚渊博的学识修养和慈善关爱的亲和态度,面对学生或交往对象,具有积极的示范性和感染力。

如果一位教师常常衣衫不整,那么领导同事和他人会视你无上进心,学生会对你失去信任和尊重;而一位教师服装面料高档考究,款式装扮却哗众取宠,标新立异,不适合自身条件,大家也会认为你没有审美品位,失去对你应有的素养评价,甚至会成为众矢之的,茶余饭后大家议论的焦点话题。

中小学生正处在生理和心理急剧发展阶段,他们会从教师日常的服饰装扮中,感受到教师对教育工作的认真和重视,会激发学生不断审视自己的学习态度,积极对待学业。一名优秀的教师往往把穿着和事业联系在一起。例如,获得政府特殊津贴的某师范学校校长,一年四季,师生无论在办公室、教室、操场或校园的任何一处见到他的时候,不管他的衣服新或旧,质地劣或优,都是整洁熨帖地穿在身上。脚上的鞋子也总擦得干干净净,即使他因病出院归来,也从不见衣衫有些许零乱,总是着装得体大方,受到全校师生的尊重。

②教师的服饰装扮要整洁大方,符合规范。

在人们的心目中,教师是知识和修养的化身,教师的穿着在一定程度上反映并折射出教师内在的学识修养、气质风范和审美情趣。因此,教师的服饰要整洁庄重,得体大方,要符合自己的身材、肤色和年龄特征。

最基本的要求是"三忌",即"忌脏、忌破、忌乱"。忌脏,是指服饰要经常换洗。如果不留心,沾上了油污等脏东西,或在劳动锻炼后出了汗，应立即脱下洗净，使衣物经常性地保持干净清爽的状态；忌破，如果服饰在外观上出现明显的破损，如线缝脱开，被它物挂破，拉链损坏，扣子脱落等，应立即采取补救措施。如果在学校或公众场合出现了这种情况，就不宜继续穿着；忌乱，是指服饰装扮杂乱无章。这种"乱"，是一种不文明的表现，也是对交往对象的不敬。

因此，教师的着装切忌袒胸露背、披挂在身、挽起袖子或裤腿、乱配鞋袜、衣物颜色过杂等，不要让这些不良的装束损坏了"为人师表"的美好形象。

一般说来，不同年龄的教师在着装上要有不同的讲究。人到中年的教师，有了一定的经济基础，可以选择质地优良、款式大方、色泽素雅的服饰，表现出严谨、成熟之美；年近花甲的老教师，宜选用暖色调、有暗花图案的着装，在造型上甚至可以采取对比手法，来突出"夕阳无限好"的饱学之士的慈爱、潇洒、超脱。

小学教师衣着款式应明快、新颖，色彩艳丽一些，有利于启迪少年儿童的爱美天性。初高中教师要考虑学生的心理年龄特征，如果服装款式过于老气陈旧，会给学生一种平庸、窝囊的感觉，着装色彩过于花哨鲜艳又容易让学生心里产生反感，所以初高中教师衣着应以大方得体为主，显得朝气蓬勃，精神饱满，以增强学生的认可度，积极接受教师传递的信息，从而进一步提高教育教学效果。

③教师的服饰装扮应注意场合。

教师的服饰在不同的场合，要有不同的装扮，要和校园、教室及活动的整体环境相协调，要给学生及社会留下可亲可敬可模仿的良好印象。

每当教师节、六一儿童节、五四青年节及国庆等节日，教师和学生一起参加活动时，着装要整洁大方，得体适中，经过熨烫服帖于身，并适当加一点小装饰，如胸花、领卡等，以表示对节日的重视；当有上级领导视察工作或去外校、博物馆、科技馆等地参观时，

应穿着整齐得体的职业服装,表示对领导、对知识、对人才的尊重;参加毕业生典礼、同学聚会、联欢晚会等活动时,教师服饰可以新颖大方,色泽亮丽一些,女教师尽量让发型也有些变化,符合活动的氛围;带领同学们到烈士陵园组织祭奠活动或参加追悼会,则要穿黑色或深色素色的服装,切忌大红大绿的色彩;与同学们一起去少儿活动中心、郊游时,教师可以换上宽松款式的运动服装或休闲装,让自己的身心和大家一起融于环境,得以松弛;下雨天,教师在教室、公共汽车或到朋友家做客时,要尽量甩净雨具上的水滴,并放在不碍事的合适位置。

总之,教师的穿着打扮在不同的时间、不同的场合都要有不同的讲究,要在朴实大方中显高雅,整洁得体中显内涵。只有做到学识修养与服饰装扮的和谐统一,充分展示教师的威望和风范,才能更好地完成既"教书"又"育人"的神圣使命。

【礼仪小贴士】
服饰的三应原则

三应,指的是应事、应己、应制。应,含有适应之意。

应事,是塑造个人形象要适应具体事情或所处的场合;

应己,是塑造个人形象要适应个人特点;

应制,则是塑造个人形象要适应约定俗成的各种规范。

三者相辅相成,缺一不可,同等重要。

2.男、女教师服饰装扮礼仪。

①男教师服饰装扮礼仪

中国的男性服装经历了数千年的变迁,发展到今天已丰富多彩,如西装、中式便装、T恤、休闲装、牛仔服、夹克衫、运动服等。每一款式都是为体现男性的潇洒精干及挺拔阳刚之美。得体适宜的衣饰打扮将今日的男教师从单一蓝黑色的陈旧款式服装的酸窘中解脱出来,展现出"园丁"、"灵魂工程师"的风度和气质。

当然现实生活中由于种种原因,不少男教师对穿着方面的理解存在误区。譬如"男人不讲究打扮,穿什么都能凑合"、"男人的衣服不讲样儿,长点短点都能对付"等等。这些误区的根源,都因为忽视了穿着的作用,仅把服饰作为遮身避寒的工具。其实,任何人在任何时候都不能低估服饰在职业中的重要性,它可以反映出一个人的观念和品位,还凝聚着人们的个性和审美情趣。男教师应该加强对服饰的"琢磨",真正穿出男教师所特有的男子汉气质和学者的风度。细述如下:

a.男教师的服饰装扮应与职业要求及所处的环境相适应

男教师要树立正确的穿着审美观,要站在教师职业的位置将"穿着"与教育教学工作及学生的成长、社会的认可联系起来,自觉地培养并提高个人审美能力,以"庄重整洁"作为服饰装扮的基本标准。

无论春夏秋冬,男教师的服饰都要简朴而干净,要使自己的着装与周围的教学环境协调一致。穿西装要遵守穿西装的规矩,着中装要懂得着中装的要领,休闲装也好,运动服也罢,只是一定要与环境、身份相适应。

比如有的男教师穿西装不打领带,白衬衫的领口却紧紧扣住。其实穿西装不打领带也可以,但领口的扣子一般要解开,或将衬衣翻到西装领子的外面;有的男教师在操场上活动课时,穿着西装上衣扎着领带,下身却穿着运动裤、运动鞋,显得不伦不类,倒不如全身着运动装更潇洒;有的男教师在开家长会、领导考察或接见宾客时,穿着随意,甚至是背心、短裤、拖鞋的装扮,这样会使对方心里犯嘀咕,怀疑这位教师的文化素养和对他人的尊重程度;更有的男教师夏天恨不得光着脊梁,动不动就把衣服的下摆捋到胸部,或把

裤腿往上一捋,一只裤腿长,一只裤腿短,这都会给人留下不好的印象。

b.男教师的服饰装扮应是阳刚之美与学者风范的最佳结合

男性无论高矮胖瘦,都希望自己具有男子汉的阳刚之美,希望以其优良的德才学识表现出教师特有的学者气质。

在正规隆重的场合,男教师的穿着就应如衣冠楚楚的绅士:西装或中装要干净合体并熨烫平整,穿在身上板板正正,不可随意卷起袖子。穿西装坐下时,应解开扣子,但一旦站起来应立即扣齐衣扣;外出郊游或运动也决不能随意脱下外衣团在手里或将衣服搭在肩头,这样有失庄重的风度。应在适当的时候解下衣扣或脱下衣服搭在臂弯。最好外出前换上具有朝气活力的、款型简洁、色彩淡雅的休闲装或运动服,穿着舒适又随意,与学生一起活动在游艺宫、科技馆或美丽的大自然之中,使身心得以彻底的愉悦和放松。

男教师服饰的色调应以冷色或中性色为主,如藏青色西装配白衬衣,浅灰色休闲装配深色裤子等。暖色的服饰如彩条上衣或红色夹克、亮色围巾等可作为运动或旅游时备用。只要色泽、款式搭配得当,一定可以穿出男教师理想的气质和风度。

c.男教师的服饰装扮应具有时代感,并考虑到身材、年龄、性格等因素

现代社会,男教师的着装已不再是一成不变,服饰的款式和种类有了更多的选择性,也更具有时代感。例如,圆领或翻领的T恤,代替了以前无可选择的白衬衫,既舒服又随意,更为男教师增添了几分亲和力;各种面料的传统西装和休闲装,以及花色多样的外穿毛衫,都会使今天的男教师更加高雅、时尚。

一般来讲,男教师穿着方面的年龄感不是特别明显,年轻人穿的夹克衫、运动服,中老年人也可以穿。只是年轻人在着装的款式、色调上更新颖、更朝气一些,更多一些个性化的装饰。身材魁梧而

挺拔的男教师,宜选择线条流畅、挺括帅气的服饰,忌穿窄小紧身的衣服,忌着黑色、暗色;体型矮小稍胖的男教师,着装要合身,要少穿水平线花纹的衣服,可选择垂直线条来增加视觉上的高度。T恤外穿时,下摆尽量扎进裤腰内,以免因T恤的随身性而盖住臀部,显得人不精干;体瘦的男教师的服饰应多用浅色,并在腰部等适当位置增加水平线,以此增加宽度,便于调节瘦型的缺陷。

d.男教师的服饰装扮要讲究配套,讲究和谐统一

男教师除了在服装的款型、色调上要求搭配合理之外,他的帽子、鞋、领带、公文包也要尽量与服装协调一致,使人感觉到从头到脚确实"浑然一体"。

现代社会不少男教师将礼服帽与长短风衣组合在一起。既可以遮寒遮阳、挡风向,又能显示出学者的儒雅风度。但帽子一定要正,因为在大家的心目中会认为"歪戴帽不是好人"。在庄重的场合,如升旗仪式、重要会议、课堂上都应自觉摘下帽子,以示礼貌。

有人说鞋子是男人的三宝之一。一个人的衣服可体挺括,鞋子却又脏又破,会给他的自身形象大打折扣。另外鞋子的颜色必须适合服装的色调和季节的变化。如穿一身深色西装或休闲装,就可以配一双黑色或深棕色低帮皮鞋;气候较冷的秋冬季节,则不宜穿白色或浅色鞋。服装设计专家要求一个人身上尽量只同时出现最多三种颜色,应该是包括鞋在内的。

领带是穿西装时应备的装饰。人们相视的目光,一般注意在胸以上眉以下处,领带成为点缀服装的关键饰物。一般来说,领带结应打得小而紧,不要松松地挂在喉头处。领带的下端一般在腰带上下,不宜过长。为避免领带左右晃动,要在下摆的合适位置卡上领带夹,同时领带的颜色一定要考虑到与西装的色调搭配得当。

讲义夹或公文包是男教师随身之物件,要保持皮革光亮,袋面整洁,线条简洁,以黑色、棕色为主。不要过大,也不能把包塞得鼓

鼓囊囊,显得人凌乱而缺乏条理。

【礼仪小故事】

　　元代有一个叫胡石塘的文人,在元世祖忽必烈召见时,没注意自己戴的帽子歪斜着。元世祖问他都学些什么,胡石塘回答道:"治国平天下之学。"元世祖就笑着说:"你自己的一顶帽子都戴不端正,还能平天下吗?"最终,胡石塘枉有满腔抱负,却没有被起用。可见,在中国古代,就已把衣冠整齐与一个人的工作作风和工作能力相联系了。

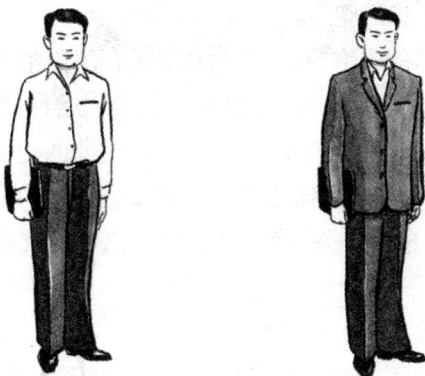

图三:男教师的服饰

　　②女教师服饰装扮礼仪

　　在现实社会中,人们对女教师的着装更为苛求。中华女性的着装一向以礼仪为重,以含蓄为本。其中固然有传统观念里男尊女卑的成分,但以现代的观念更有女性自尊自重的要求,以及同时对他人的尊重和对事业的热爱,特别作为知识女性,合体合意、端庄大方的服饰更能增添女性的自信感,更全面地展现女性独特的个性魅力。

　　a. 女教师的服饰装扮要注意使个人的学识修养与形象装扮和

谐一致

　　人的气质由学识、修养等多种因素构成，是形象美的内在要求，它能在服饰的装扮中展示人的审美属性。而对美，是每一位女性终生矢志不移的追求。特别在现代社会，面对女装向多元化、世界化发展的时尚潮流，女教师必须对自己的服饰做出正确的定位。着装不仅要符合教师职业的要求，更要为自身增添高雅的气质。

　　随着时代的发展，女教师的学历越来越高，职业稳定感越来越强，知识素养、文化底蕴与审美情趣都较之前有了很大的飞跃。她们不再是只会"围着锅台转"的家庭主妇，在闲暇之余，她们更会关注服饰及个人形象的塑造。

　　年轻女教师的服饰要做到"刻意雕琢而不露痕迹"，穿出"清水出芙蓉"的自然靓丽。款式新潮入时、线条明快合体的服饰，会更显女教师的青春活力和蓬勃朝气，会拉近师生间的距离，并激发起学生对美的向往。但还要切记教师的职业要求，不能过分追求时尚华美，不能穿着太过前卫另类的奇装异服，比如不宜穿吊带装、超短裙等，服饰颜色不宜太鲜艳、太刺眼，不宜装扮得花枝招展，不能让自己的着装分散了学生学习的注意力，甚至成为学生及他人议论的焦点，这样，会影响教育教学的效果和自身的威信，歪曲了学生心目中"师表"的形象。

　　中年女教师的服饰要与自己丰富的人生阅历相适应。人到中年，穿着风格已定型，合体的套装，精细的剪裁，质地良好的面料和庄重大方的款式，都可以尽显成熟女性的高雅气质和独特魅力。

　　"最美不过夕阳红"，对于那些在教育岗位上辛勤耕耘近一生的老年女教师来说，更应留意自己的服饰，着意自己的装扮。衣物款式虽不很新潮却应合体简洁大方，色泽虽不很艳丽却应朴素淡雅宜人，使自身虽近花甲却仍风姿绰约，更具有知识女性的恬淡宁静的成熟韵味和良好风范。

b.女教师的服饰装扮要符合自身的年龄性格、身材体型,形成个体特有的着装风格

"衣如其人",服饰在第一印象中往往被看做是了解人物个性的捷径。现代社会中,不少女教师不仅工作突出,在穿着上也很有特色。有的以典雅端庄的西式套装、套裙为主体风格,但在衣领衣兜处以拼镶或色调的变化显示与众不同,"精干利落"中不失"柔美风韵";有的女教师穿着颜色柔和、款式简洁的毛衫,平整合体的西裤,或一身宽松适当、长短适中、整体色调款式朴素大方的裙装,给人的感觉不仅富有情感,而且具有亲和力,学生或他人更易与其接近;还有的小学女教师或较年轻的女教师更追求时尚潮流,衣着款式新颖,色彩调配靓丽,则更显得聪颖乐观,开朗活泼。

另外,女教师的穿着要讲究色调款式与个人的身材体型的合理搭配,做到扬长避短。身材高大丰满的女性,不宜穿大红大绿色调和中式套裙,但穿深色西式套装或长裙效果却很好;身材矮胖,肤色偏黑的女性,不宜穿短窄上衣和萝卜裤,但穿直筒裤上着亮色毛开衫却能遮其短;身材玲珑瘦小的女性,适合穿色泽亮丽、款式新颖的服装,不宜过长过大,合体即可。

c.女教师的服饰装扮种类多样化,但要注意整体的和谐统一

现代社会,女性的服饰种类更趋向多样化,鞋子、袜子、帽子、手套、围巾、提包、首饰等等,它们合理的装饰搭配,会增进女教师一身衣着的整体美,更显示知识女性的丰富内涵和独特魅力。

鞋子和袜子在西方被称作"脚部时装"和"腿部时装"。作为"为人师表"的女性不宜穿太高太细的高跟鞋,以免走路时东摇西摆,步伐不稳,影响形象;穿裙装时,要配长筒丝袜或连裤袜,颜色以肉色、黑色为宜,挑丝、有洞、脱线的袜子,不宜再穿着外出。

帽子、手套、围巾不仅御寒,而且是衣着不可缺失的饰物。女教师戴帽很有讲究,选择帽子应根据自己的脸型和身高。脱帽时,不

要带乱头发。手套颜色、面料应与服装相一致,穿深色大衣,适宜戴深色毛线或皮手套;浅色服装则应配浅色手套。围巾的装饰作用如今早已取代了它的保暖性。根据场合、服装及发型来选配轻柔飘逸的丝织围巾,更会为美丽的女教师增添一份婉约典雅。

女教师提包的颜色和质地要与季节、服装、环境、场合相协调。一般在夏季、着装浅色或参加活动时,提包应淡雅明快,休闲舒适,布包皮包均可;而在冬季、着装深色或出席重要会议、会见领导时,则应选用颜色较暗,庄重考究的皮质提包。

首饰是现代女性最典型、最重要的饰物。淡雅简朴的胸针、耳环、项链等,有时可以为较陈旧的服装增加一丝新意,色调过于凝重的带来一处亮点,质地面料稍差的平添一些高贵。女教师在力所能及的范围内,可以选用制作精美、格调高雅的首饰,否则宁可不戴,更不要以劣质低档损坏自身形象。大体说来,教师佩戴首饰要遵循以下原则:

与服装相协调。从款式上看,艳丽的服装与色彩淡雅的首饰相配,深沉单色的服装可配一些色彩明亮、款式细巧的首饰。编织毛衣可配玛瑙、紫晶、琥珀等制成的项链;如穿真丝衬衫或裙装时,一条金项链足矣。

与形体相貌相协调。教师选择首饰要考虑自己的年龄、体态、发式、脸型等个性特点,否则会不伦不类,画蛇添足。比如,脖子粗短者不宜戴多串式项链,而应戴长项链,使脖子略微显长。圆脸或戴眼镜的女教师,要少戴大耳环和圆形耳环。年纪稍大的女教师要戴一些相对贵重、精致的首饰,年轻的女教师则可选择质地、色泽都比较良好、款式新潮的时装首饰。

首饰之间协调。教师佩戴首饰要少而精,力戒繁杂,什么都戴。戴一种以上首饰时,颜色、外形、风格要协调起来,最好配套一致。一般说来,颜色不能超过三种。

与环境相协调。教师佩戴首饰得考虑季节和场合。年轻女性在夏季可戴鲜艳的工艺仿制品,冬季则可戴一些珍珠、宝石、金银饰品。上课或进行其他教育教学工作时,以尽量少戴首饰为好,或可选择淡雅简朴的胸针、耳环、项链等。参加晚会或外出参加重要社交活动,可佩戴大型胸针、项链或带坠子的耳环等发光的饰品。

图四:女教师的服饰

【温馨提示】

女教师服饰装扮禁忌

对教师岗位女性的服饰装扮要求中,有五大禁忌:

第一,忌露。

身体的某些部位,如胸沟、腋窝、大腿等处,不能过于暴露。

第二,忌透。

在着装方面,人总是有一些隐私的,如内衣内裤是不宜若隐若现,甚至一目了然的。

第三,忌短。

着装过分短小,不但会使身体有所裸露,而且活动起来也会有诸多不便。

第四,忌紧。

着装过于紧身,会使自己线条突出,原形毕露,在公共场合会让人匪夷所思。

第五,忌杂。

服饰的色彩、款式、面料搭配要和谐一致,不能过于杂乱。

【礼仪案例】

有一位女企业家去拜访一位很有成就的40岁左右的女校长,在办公室外等待的时候,想到女校长的名气和出色的业绩,不禁感到有些紧张。当她被请进办公室,见到这位女校长的时候,她心中的紧张感立刻就没了,并且平添了几分自信。她看到这位胖胖的女校长穿了一身超短的套裙,并且还穿了一双露着脚趾的凉鞋,她对女校长的印象立刻大打折扣。

【礼仪知识窗】
服饰的色彩哲学

色彩因其物理特质,常对人的生理感官形成刺激,诱发人们的心理定势和情感联想。例如:黑色,象征神秘、悲哀、静寂、死亡,或者刚强、坚定、冷峻等。

白色,象征纯洁、明亮、朴素、神圣、高雅、恬淡、空虚、无望等。

黄色,象征炽热、光明、庄严、明丽、希望、高贵、权威等。

大红,象征活力、热烈、激情、奔放、喜庆、福禄、爱情、革命等。

粉红,象征柔和、温馨、温情等。

紫色,象征高贵、神秘、庄重、优越等。

橙色,象征快乐、热情、运动等。

褐色,象征谦和、平静、沉稳、亲切等。

绿色,象征生命、新鲜、青春、新生、自然、朝气等。

浅蓝,象征纯洁、清爽、文静、梦幻等。

深蓝,象征自信、沉静、平稳、深邃等。

灰色是中间色,可象征中立、和气、成熟等。

第三节　教师形态礼仪

教师的形态礼仪是指教师的形体姿态,这是塑造教师形象的重要内容,是教师在一定职业道德的支配下,以"教书育人"为目的而表现出来的职业习惯。教师的形态礼仪的功力是很神奇的,它作为一种无声的体语在生活中广泛运用,弥补着口语沟通的不足,同时达到"润物细无声"的效果。

前苏联教育家马卡连柯说:"高等师范学校应当用其他的办法来培养我们的教师,如怎样站、怎样坐、怎样提高声调、怎样笑和怎样看等等细枝末节……这一切对教师来说都是必要的,如果没有这些技巧,那就不能成为一名好教师。"①这些话,对于我们——未来的教师有着极其重要的作用。

众所周知,在学校,学生最崇拜的就是教师,教师的一颦一笑、一举一动都通过学生的眼睛在其脑海里留下印象,对他们的精神世界产生着无声无息的影响,进而会转化为学生自己的个性特征。如果教师的文明修养不高,举止轻浮粗俗,态度粗暴恶劣,必然有损自身形象,破坏教育教学效果,同时也将潜移默化地影响学生的行为习惯,将来很难适应现代社会文明交往的需要,也不会博得人

---

① 吴式颖:《马卡连柯教育文集》(上),人民教育出版社,1985年版,第155页。

们的尊重和信任。

因而,作为教师,必须努力培养高尚的礼仪风范,举止得体,文雅谦和,言而有礼,行而有矩,见面一个微笑,分别亲切摆手,面容表情自然和蔼,举手投足从容大方,在彬彬有礼中表现教师的知书达理、温文尔雅,使自己真正成为学生和社会公众得以仿效的楷模。具体说来,教师的形态礼仪可以从神态、首语、身姿、手势动作、人际距离等五个方面的礼节规范来把握。

一、神态的礼仪

教师的神态表情是一种重要的教育因素,它教给学生待人处事应有的态度和神情。教师要善于控制自己的面部表情,在工作和生活中,尽量使自己表情亲切和蔼,庄重自然。

由于对教师形象理解的偏差,有些教师为了显示自己的权威和尊严,常常板着面孔,不苟言笑,让学生望而生畏。这种做法只能拉大师生间的距离,影响心灵的接触和沟通,也影响到教师在学生心目中的形象。教师应依靠渊博的专业学识、精彩的教学艺术赢得学生的敬佩,同时以真诚的微笑、谦和的态度来融洽师生感情。只有学生"亲其师",才会"信其道",也正如斯宾塞所说:"野蛮产生野蛮,仁爱产生仁爱,这就是真理。"①

教师要善于控制和调整自己的感情和情绪,始终保持一种有利于教育教学工作的精神状态。正常情况下,教师对学生应该是热情、主动、耐心的,即使学生有明显的过错,抑或是教师自己在生活中遇到挫折、不幸,也应当把不满、烦恼等不良情绪深深地埋在心底而不显露出来。

---

① 斯宾塞:《教育论》,人民教育出版社,1962年版,第107页。

1.微笑。

微笑,是人类最基本的神态动作。雨果曾经说过:"微笑就是阳光,它能消除人们脸上的冬色。"在顺境中,微笑是对成功的嘉奖;在逆境中,微笑是对创伤的理疗,教育教学活动中,教师用微笑可以迅速缩短师生间的心理距离,造就融洽和谐的课堂气氛,会让学生如沐春风,安心听课。教师的微笑是内向腼腆学生的兴奋剂,能使他们得到大胆的鼓励,敢于去表达自己;教师的微笑是外向好动学生的镇静剂,能使他们得到及时的提醒,意识到自己的言行需要控制和自律。当学生在课堂上回答问题时,无论正误好坏教师均应以微笑的目光注视对方,以给其鼓励和勇气,切不可用轻视的神情来对待回答较差的学生。

同时,教师微笑着面对领导同事,面对学生家长,有利于构建和谐友好的合作关系,有利于营造一种积极向上、轻松愉悦的相处氛围,使教师自身得到更多的理解、支持和帮助。

【礼仪小贴士】

微 笑

不需资本,却能收到很大的利益

施予者没有任何损失,收受者却有丰富的收获

惊鸿一瞥,却能永久留在记忆深处

纵然拥有万贯家财,没有它也将索然无味

纵然一贫如洗,却能因它而富有

它能使疲惫者获得休息,失意者获得光明

它是悲哀者的太阳,苦恼者的解忧剂

它不需要用钱购买,不需强求,也不需盗取

无条件的付出才能显出它的价值

——戴尔·卡耐基

2.目光。

"眼睛是心灵的窗户"。一个人的眼睛最能有效地传递信息和表情达意。教师更要把握好运用目光的礼节,它是教师得以与学生心灵沟通的特殊语言。教师坦然柔和、友好真诚的目光能带给学生愉悦和温馨、鼓励和慰藉,教师炯炯有神的目光能振作对方的精神和毅力。

在教育教学活动或社会人际交往过程中,教师如果低眉垂眼、无精打采、睡眼惺忪地看人,或用打量、恼怒、不屑一顾的眼神注视对方,抑或东瞄西看、目光游移不定,这些都是极不礼貌的。

通常目光合乎礼节的做法应该是:用柔和专注的目光注视对方面部,将视线停留在对方双眼与下颌之间的"T"形区域,注视时要适当变换视角,以免使人有压迫感,这样就能显示出对对方的尊重和专注。

当教师与年龄较小的学生交谈时,可亲切地注视学生双眼和胸部之间的部位,配合着轻抚头部和肩膀的动作,能快速地传递教师发自内心的关怀、慈爱、友善之情。但对同事和青春期的学生尤其是异性,则不能采取这种注视方式,也不宜长时间地凝视对方,否则将有失庄重,会使对方产生误解。在批评教育场合,如找个别违纪学生谈话时,可用严肃的目光注视学生前额的"Δ"形区域,就能给对方一种威严的感觉,取得良好的教育效果。

【礼仪知识窗】

眼睛是大脑与外界沟通的"桥梁",眼球底部有大量的神经元,它们的功能就如同大脑皮质细胞一样具有分析综合能力;而瞳孔的变化、眼球的活动等又直接受来自于大脑的动眼神经的支配,所以人的情感也就会自然地从眼睛里反映出来。

瞳孔的变化是无法自主控制的,瞳孔的放大和收缩真实地反映了复杂多变的心理活动。如当一个人感到愉悦、喜爱、兴奋时,他的瞳孔就会扩大到比平常大四倍;相反,若遇到生气、讨厌、不愉快等消极的

心情时,人的瞳孔则会收缩得很小;如果瞳孔没有发生什么变化,那么则表示一个人对他所看到的事物漠不关心或者感到无聊。

在课堂活动中,为了正确地表达教学内容,教师对于各种感情都可以适当表露,但是要有分寸、有节制,不能像演员表演那样大呼大叫、哭笑无常。讲台毕竟不是舞台,讲和演是有差别的,两者如果混淆就不能成为合格的教师了。

实践证明,学生喜欢的老师,学生愿意接受的老师,是自然真诚,具有亲和力的。在开会、学习等庄重场合,作为听众的教师应神态安详地专心听讲,这是起码的礼貌。若此时眉飞色舞地闲聊、议论,则是既不尊重他人也不自重的表现。在肃穆悲伤的场合,教师应神色凝重,表情严肃,以表示心情的沉重。

无论在何种情况下,教师都应尽量避免冷笑、嘲笑、狂笑、谄媚、蔑视、漠视和愤怒的神态,这些表情有损教师形象,既不利于教学活动,也不利于社会交往。

二、首语的礼仪

首语是通过头部活动所传递的信息。它的动作比较简单,比如点头、摇头、低头、抬头、仰头等。在实际生活中,首语经常与表情神态配合使用。例如:教师在学生回答问题或听他人谈论时,面带微笑、目光专注、在适当的时候微微点头,就表示对对方的话有一定的兴趣,它传递出的是赞赏、鼓励、继续说的信息;微笑轻轻摇头则表明对对方的话持否定意见但态度良好。

教师首语的使用应注意与场合、气氛及其他形体动作相协调,做到沉稳大方,切忌摇头晃脑,有失庄重。

【礼仪知识窗】

眉毛的功能

眉毛所表现的不同动作,同样也代表不同的信息。例如:

①双眉平展。表示身心欢悦而平和。

②眉梢微挑。表示询问和怀疑。

③眉头紧皱。表示不满、为难、厌烦或者思索、考虑。

④眉梢耷拉。表示无奈、遗憾、毫无兴趣或百无聊赖。

⑤双眉向上斜立。表示气恼、愤怒和仇恨。

因此,为了体现良好的形象和修养,平常交往中,教师要将自己的双眉经常保持在自然平直的状态,不要随便皱眉、挑眉梢,改变眉的位置。

三、身姿的礼仪

一位注重礼仪的教师,在与人交往时会不知不觉地以自己文明优雅的身姿展示良好的教养与风度。身为教师我们应对鞠躬、站、坐、行等方面的身姿规范进行了解,认真学习那些文明优雅的举止动作,从细节处训练自己,努力做到"站有站相,坐有坐相"。

1.鞠躬。

鞠躬问候应是教师每次上课的必行礼节,通过鞠躬能体现教师对学生的尊敬和关爱,营造平等友好的学习氛围。上课之初,教师应采取端正的站姿,双目注视全体学生,双手下垂,上身平缓地前倾约30度,而后恢复原状。礼毕应面带微笑,双眼有礼貌地环视学生,然后开始上课。上课结束时,教师可再次面对学生从容施以鞠躬礼,以表示对学生积极合作的感谢,这样更能体现教师良好的个人修养和师表风范。

2.站姿。

站则直,犹如松立泰山,能给人以稳健挺拔的美感,能传递给学生正直向上的信息。站姿在一定程度上反映了一个教师的精神

面貌和对课堂的投入程度。因此,教师的站姿在稳重之中还要显出活力,不要过于拘谨和呆板。

具体而言,教师的站姿应是:抬头、挺胸、收腹、立腰,身躯正直,下颌微收,双眼平视,双肩自然放松,身体重心落在两脚正中。男教师双腿可适当分开,以双脚不超过肩宽为宜。女教师应双膝自然并拢,一脚略微向前置于另一脚的中后部,两脚呈"丁"字步,或两脚跟并拢,脚尖张开呈"V"字形。如长时间站立,为防止疲劳,可采用稍息姿势,但要适度,不能过于后仰或倾斜。

教师的站姿有四忌:一忌弯腰弓背,歪头斜肩、倚桌靠椅,过于放松和随意;二忌双腿叉开过大,女教师尤应注意;三忌双手插在裤兜里;四忌踮脚颤腿,身体乱摇晃。

3.坐姿。

中国人讲究"坐如钟",表示要坐得稳,才能显得庄重、大方,不能身体歪斜或如坐针毡。教师的坐姿往往是其精神气质、文化修养的表现。

作为教师得体的坐法是:入座时,动作从容不迫,轻盈和缓。女教师着裙装入座,通常应先用双手拢平裙摆,再平稳坐下。落座时,应坐椅面的三分之二左右,坐满坐椅或仅坐椅子的边缘都是有失风度的。落座后,最合适的姿势是肩平背直,膝盖呈直角。男教师可双膝略微分开,不要超过肩宽,双脚平踏于地。女教师应并拢双膝,双脚一起朝向一边或一只脚稍前、一只脚稍后放置地上,也可以采取小腿斜放或交叉在一侧的姿势。

教师需要坐着讲课时,应身体端正,两眼平视前方,把所有的学生都置于自己的视线以内,要避免用手支撑下巴,或趴在课桌上讲课。在板书起身时,动作要干净利落,不能拖泥带水碰得坐椅乱响,分散学生的注意力。

当教师与学生或他人交谈时,要注意坐姿的方向。身体应朝向对方,上身微微向对方倾斜,以显示出专注与关心。如果把身体的侧面或背面对着对方,只把脸转过去,那么则是一种傲慢无礼的表现。

教师坐着的时候,还要注意避免翘起"二郎腿"、双脚向前直伸、两腿分得过开腿脚乱抖不止等不文雅的动作。

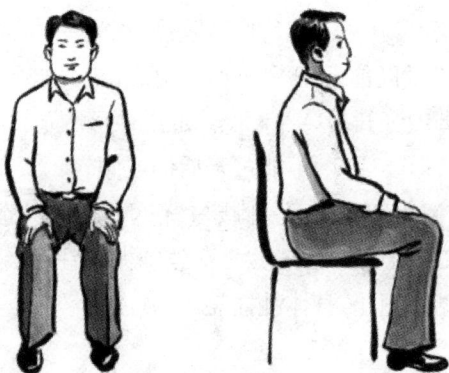

图五:男教师的坐姿

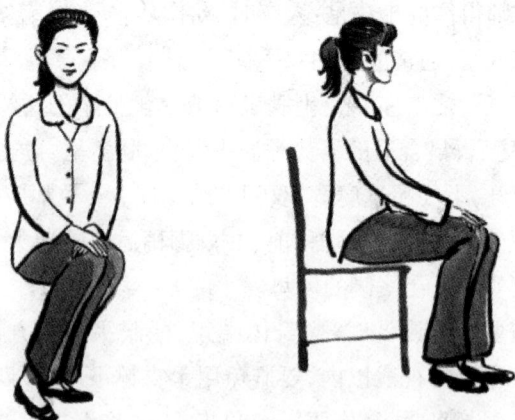

图六:女教师的坐姿

4.行姿。

教师的行姿应给人以稳健、从容的印象,体现一种胸有成竹、沉稳自信的风度和气质。行走时身板要直,双肩要平,头部端正,双眼平视,步履轻盈而稳健,速度快慢适中,要有节奏感,两臂自然摆动,摆动的幅度以 30 度左右为佳,行走时不能左顾右盼、扭捏拖沓、边走边吃,否则将有失庄重,难以形成威仪。女教师行走时尽量走成一条直线,脚步要行如和风,自如、匀称、轻柔。男教师行走时则要走成两条直线,脚步要大方、稳重、有力。

上课时,教师在讲台上,不能来回不停地走动,这样会使学生感到眼花缭乱,从而分散学生的注意力。也不宜久站一处一动不动,给人以静止压抑之感,课堂就会显得死板。正确的做法是根据教学内容或教学活动的需要,在适当的时候,缓慢走动或变换一下位置,如果看到有学生不注意听课,可以从容走到他的座位旁,不动声色地给以提醒。

【礼仪知识窗】

教师行走的频率

教师行走的步幅、步频要依据不同场合而定。

一般的课堂行走,步频慢,每秒约 1 至 2 步,且步幅小。

欢快、热烈的场合步频较快,每秒约 2.5 步左右,步幅应较大,如:欢迎领导考察或带领学生外出游览。

庄严的大会,步频以每秒 2 步为好,步幅自然。行走时挺胸抬头,目视前方,摆臂自然。

四、手势动作的礼仪

得体适度的手势动作,是一种动态的美,更是一种极具表现力的体态语言。它可以增强感情的表达,传递出对交往对象的尊重友好与轻视厌恶。教学中教师恰到好处的手势动作,更可以描述和强调内容,充分调动学生的注意力,活跃课堂气氛,起到锦上添花的作用。

在教育教学活动和日常社会交往过程中,教师标准规范的手势动作应该做到以下要求:

垂放时,应双手自然下垂,掌心向内,叠放或相握于腹前,也可以分别贴放于大腿两侧。

抬手时,五指伸直并拢,腕关节伸直,手与前臂形成直线,要自然优雅。

指人示物时,要与眼神、步伐相配合。如在课堂上提问学生时,应该使用整个手掌,掌心向上这一表示"请"的手势,动作要准确、舒展、到位,得体自然,落落大方,不要伸出一个手指去指点对方,因为它有教训人的意思,是不礼貌的。

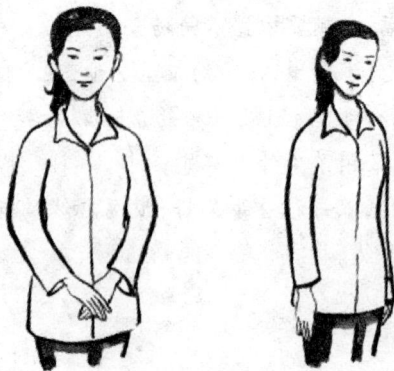

图七:教师手势之一

当学生在学习活动中有突出表现时，教师可微笑着伸出大拇指，表示夸奖和称赞，或带领其他学生热情为其鼓掌，给以肯定和鼓励。

教师在递或拿东西时，在够得着的范围内应是双手持物，五指并拢，用力均匀，自然放松，切忌翘起无名指与小指，故作姿态，有失庄重。

图八：教师手势之二

作为教师应避免对人指指点点、钩动手指招呼别人、蔑视性地伸出小指评价别人、拍桌子、双手抱臂交叉于胸前、讽刺性地鼓倒掌等，因为这些动作所传递的信息都很容易挫伤学生的自尊心，引起学生的对抗和抵触情绪。

教师还要坚决避免诸多不文明的小动作，比如当众擤捏鼻涕、挖耳朵、搔头皮、抠脚丫、吐烟圈、搓泥垢、提裤子、随地吐痰、对着他人伸懒腰、打哈欠、打喷嚏、咳嗽等等。如身体不适非做不可，也应当去洗手间或隐蔽处完成。女教师如需要修饰自身仪容比如化妆时，不能在公共场合，特别不能在学生面前描眉画眼，因为化妆是一种隐秘的行为，它是为了使自己更加漂亮，如果这个过程被别人发现了,那也就没有什么漂亮可言了。

【温馨提示】

手势所代表的语言

双手紧紧绞在一起——神经高度紧张或内心的波动难以遏制。

双手掌心向上摊开——真诚坦率,毫无隐瞒。

指尖相对而合呈尖塔形——充满自信,胸中有数。

两手紧握成拳——愤怒、仇视、充满敌意或表示对某事决心已定。

不停地摆弄拇指——内心紧张,缺乏自信。

用手抚摸后脑勺——不好意思,难为情。

用手摸腮搔头——内心惶恐或者有隐情难以言表。

五、人际距离的礼仪

人际距离是无声的语言,如同人的目光、手势一样,传递出某种信息或情感,表示着人们对他人的礼貌和尊重,能否妥善把握人际交往中空间距离的礼节,体现了现代教师的人文素养和处世智慧。

在课堂教学中,教师与学生的距离大都在三米开外,这种距离能形成教师的威严,但也容易拉开师生间的心理距离,学生的注意力也容易分散。如果教师在适当的时候走下讲台,走到学生中间去指导帮助或征询意见,就能缩短这种心理距离,提高学生的注意力,进一步增强教育教学效果。当教师在课下与年龄较小的小学生相处时,可以让学生依偎在自己身边,同时,帮学生擦擦小脸,整理一下衣服,这样能消除小孩子的紧张情绪,让学生感受到教师的关心和爱护。但对于年龄稍大的异性学生,单独谈话或辅导功课时不能距离过近,应保持至少半米的距离,一般也不能有过多的身体接触,否则将有失检点。

【礼仪知识窗】

谈话的距离

什么样的距离才适于人们交谈呢？我们可以依据谈话的内容以及双方的关系来作选择。通常人们的交流、接触区间可以分为四个范围，它们分别是：

1、亲密距离

亲密距离在0——0.5米之间。使用这一距离交谈的人，一般具有某种特殊的关系。比如亲人、密友、情侣等。在交往场合，也会有想借助缩短距离从而拉近关系的人，但近距离的极限应是交谈的双方可以接受、不厌烦的，双方的私人空间不受侵犯的。

2、个人距离

个人距离在0.5——1.2米之间。使用这种距离交谈的人，大多是好朋友、熟识的人。在这样的距离范围内交谈，双方会感觉像拉家常一样，温馨、柔情。

3、社交距离

社交距离在1.2——3.6米之间。使用这种距离交谈的人，一般是陌生或初识的人。在这样的距离中，交谈的双方都有安全感，觉得自然、放松。

4、公共距离

公共距离在3.6——6米之间。它适用于一人面对多人或大众讲话的场合。如校园举行各种庆典或发奖大会，发言人与听众应保持较大的距离范围。

第四节　教师语言礼仪

　　语言是人们交流思想、联络感情的必要手段,有道是"言为心声"。交谈中的语言会集中反映一个人的思维方式、文化底蕴、道德修养等内在品质。"良言一句三冬暖,恶语伤人六月寒",说明雅俗不同的语言在生活中起到的不同作用。"酒逢知己千杯少,话不投机半句多",更说明人类愈来愈重视语言带来的感觉,常常只是一面之交,只言片语,就将对方划入朋友或敌对的范围。

　　语言对于教师尤为重要,它是教师从事劳动的特殊工具,是教师向学生传递知识信息的最主要渠道,是教师进行教育教学工作的基础。教师的语言是一门艺术,教师将自己对教育事业的一腔热情,对文化知识的融会贯通,对道德修养的领悟体验,通过各种方式的语言传达给学生。因此,教师的语言必定是充满感情,富有感染力、吸引力和号召力的,它必定能增强学生学习的兴趣,启迪学生的智慧,具有强大的示范性和教育效力。具体说来,教师的语言礼仪体现在以下几个方面:

一、使用规范、文明的语言

　　《论语》曰:"非礼勿言。"使用规范、文明的语言,应当是每个教师必备的师德之一。教师在传递知识和信息时,不仅要绘声绘色,浅显易懂,而且要有规范、文明的要求,不能胡言乱语,信口开河。

　　《中华人民共和国宪法》中规定:"国家推广普通话。"教师日常所使用的口头语言及书写的汉字,要标准、规范,要让别人听懂看懂。我国地大物博,人口众多,如果大家都讲方言,则不利于交流,不利于沟通,因此讲标准规范的普通话是教师用语最基本的要求。

教师同时要讲文明话。教师和学生或他人谈话要尊重别人，要自然、大方、热情地多多使用礼貌用语，如"请、您好、谢谢、对不起、请稍候、再见"等。不能呆板、勉强，更不能羞羞答答或不冷不热。忌用粗暴毒辣、低级趣味的语言侮辱对方的人格，不能随意挖苦、训斥和讽刺学生或他人，比如说："你怎么这么笨呢！"或"你就是一个坏学生、差等生！"等等。不能口无遮拦，对学生或他人不负责任地去误导，对国家的方针政策、法律制度妄自加以评判。教师用语要严谨、慎重，给学生营造一个良好和谐的教学氛围，帮助学生健康快乐地成长。

教师在日常与人交谈时，应多用敬语和谦辞。不要争强好胜，更不要强词夺理，文过饰非，要与人为善。少用肯定或否定的语气，因为那样可能会制造一种"权威"气氛，似乎讲话人对所谈论事件有绝对的评判权。而使用商量或祈使语气却会使人觉得平等、谦和。如第一句："周六你替我值班啊！"第二句"周六如你有空，麻烦替我值一下班好吗？我想带孩子去看病。下次我替你。谢谢了。"两个语句相比较，后者则使对方更易接受。

【礼仪知识窗】

教师的文明用语

使用原则：声音优美、表达恰当、言简意赅、表情自然、举止文雅。

例句如下：

1.对待学生：

"同学们好！"

"希望你继续努力。"

"不懂请来问老师。"

"让老师来帮助你。"

2.对待家长：

"教育学生是我们教师的责任。"

"谢谢家长的支持和配合。"

"让我们商量一下,怎样共同教育好孩子。"

3.对待同事:

"我有一个问题向您求教。"

"我有个建议,您看行吗?"

"谢谢您的关心和帮助。"

二、注意语言中的声音美

声音在语言中的地位相当重要,除去它是思想内容的载体之外,声音的大小、高低、粗细、快慢等也具有表达复杂情感的作用。教师在日常教学或与他人交谈中,语音要标准清晰,语调要柔韧平和,语速要缓慢适中。具体分析如下:

1.语音要标准清晰。

教师说出的普通话要做到合乎音韵规律,抑扬顿挫贴切。面对不同学科、不同年龄的学生,教师可能要采用不同的语言方式,但都必须要表述清楚,即吐字清晰、表意准确,让学生能接受理解。口语表达要力求精练,要正确地使用直白通俗、浅显易懂的话语进行教学和沟通。避免使用过多的口头语,比如:是吧、啊、这个、那个、就是、什么等等。因为口语的随意或凌乱会分散学生的注意力,影响教育教学效果,甚至会成为大家的笑料。

2.语调要柔韧平和,不高不低,音量要适当。

在公共场合不能高声喧哗是一种基本礼貌,尤其是中小学教师,面对受教育对象时,更需要耐心亲和的语气,切忌尖锐、高亢、嘶喊。因为在孩子的心目中,讲话声调提高,就有指责、训斥之意,他们会认为教师蛮横,继而产生恐惧感和厌恶感。当然声音也不能太小,像蜜蜂哼哼一样,大家听不清你说的是什么,自然会降低对你的信任度。

3.语速要缓慢适中,不能太快。

教育是为学生服务的,教育者的语言要以社会、学生可接受、理解为准。中小学教师过快的语速对于讲授知识和传递信息都有不利,会使学生产生紧张、混乱的情绪,很难完成教学任务,师生间的互动交流就更无从谈起。因此教师在讲话时要综合把握,形成波澜起伏、抑扬顿挫的和谐美,以达到最佳的语言教学效果。

三、充分运用语言的各种技巧

一名优秀的教师,他会充分运用语言的各种技巧来强调自己的讲解,会让学生在轻松愉悦的情绪中,无意识地接受他的知识或思想。比如:诚恳自然的表情、恰到好处的手势、抑扬顿挫的语调等等。

1.要有诚恳自然的表情。

"诚于中而形于外",诚恳的内心所产生的语言是最有魅力的。教师在教学言谈时,要面向学生,目光专注,神态自然。根据语言的内容产生不同的表情,比如:和蔼亲切、严肃认真、兴奋激动等等。让学生能够真切地感受到教师内心的情绪变化,了解教学内容和教育主题。

2.要有恰到好处的手势。

手势语言是人们在社会交流中不可或缺的辅助手段,它具有重复、替代、强调、补充和调节等最基本的功能。教师的手势动作要适度,不宜过大、过多,过于张牙舞爪、无拘无束,那样会使学生感到眼花缭乱,焦躁不安。在课堂上,教师的教学手势应该具有强调教学内容重要性的作用,并有助于学生倾听和理解教师的讲解。①

3.要有抑扬顿挫的语调。

教师的语言切忌平铺直叙、平淡无奇,应尽量使课堂教学用语

---

① 表情和手势可参看本章第三节的知识内容。

高低起伏、长短结合、疏密相间、快慢适宜。应随着教学内容和教学实际的需要时轻时重、时缓时急、抑扬顿挫、错落有致,有一定的节奏感和韵律感,使学生听起来舒服悦耳,其优势兴奋中心能随着教学语言的声波和声调不断得到调节、转移和强化,提高教学效果。

教师与学生或家长交谈时,用词要恰当,表述要适宜,夸奖的时候不能言过其实,批评的时候不能尖酸刻薄,更忌婆婆妈妈、啰啰唆唆,反反复复。

四、进行社会交往的语言原则

教师是现代社会中的一分子,在日常交往中,与他人进行语言沟通和交流,也是教师最基本的社交手段之一,它直接影响着教师的社会形象和人格尊严。因此,教师在进行社会交往中,要谨记交谈中的如下语言原则。

1.礼貌。

俗语说:"敬人者,人恒敬之。"教师在进行社会交往中,文明礼貌用语极其重要。敬语与谦语的适当运用,会给人留下彬彬有礼、很有教养的印象。它可以使互不相识的人乐于相交,熟人更加增进友谊。请求别人时,可以使人乐于提供帮助和方便;发生矛盾时,可以相互谅解,避免冲突;商讨事宜时,有利于双方积极合作;批评别人时,也能使对方诚意接受。

2.谨慎。

教师的职业特点要求教师有足够的自制力和约束力。处于什么场合,面对什么样的人,教师说话必须三思而后行。特别是教师在兴奋和发怒时,更要十分注意,"言多必失",切忌说气话、粗话、大话,要知道,"说出去的话,倒出去的水",是很难收回的。

3.实在。

教师讲话要平和稳重,忌缥缈浮夸。古语说得好:"君子之言,寡

而实;小人之言,多而虚。""言必行,行必果",教师不能做"语言的巨人,行动的矮子"。与同事、领导或他人交谈时,要多用探讨、商量的口气,太武断会显得傲慢,太谦恭则显得自卑。不要用一些官场或商场上的客套话,如"多指教"、"请指示",也不要用一些文绉绉的古语,如"久仰大名,如雷贯耳"、"才疏学浅,望多指教"等,会显得做作生硬。

4.含蓄。

教师应该通过委婉语的恰当使用,避免因直言陈述、显露锋芒给对方造成伤害而互相形成对抗。含蓄委婉的语言,会启发人的想象与思考,体会其中的事理,让对方在细细品味之后,接受自己的观点,取得共识,从而收到"言有尽而意无穷,余意尽在不言中"的效果。委婉语的曲径通幽、追求谦和,正是它的功能所在。

【礼仪知识窗】
委婉语使用的艺术

1.利用反问、比喻、双关、典故等手法代替直接表态。

小故事:作家梁晓声曾有一次接受英国一家电视台的采访。采访进行一段时间后,记者让摄像师停下来,他走到梁晓声跟前说:"下一个问题, 希望您做到毫不迟疑地用最短的一两个字,'是'或'否',来回答。"梁晓声点头同意。录像又重新开始,记者把话筒立即伸到梁晓声嘴边,问:"没有'文化大革命',可能不会产生你们这一代作家,那么'文化大革命'在你看来究竟是好还是坏?"这个问题无论是肯定或是否定的回答,都会落入记者的圈套,都很难充分地表达出作家对这个问题的思考。急中生智,作家反问:"没有第二次世界大战,就没有以反映第二次世界大战而著名的作家,那么您认为第二次世界大战是好还是坏?"英国记者无法回答这个问题,作家也就无须再作回答。这样,梁晓声就以巧妙的、委婉的语言方式有力地回击了英国记者的提问。

2.利用含蓄的、意味深长的语言来表达。

小故事：1972年,美国总统尼克松访华时,在一次酒会上,周恩来总理说:"由于众所周知的原因,中美两国隔绝了20多年。"一句"众所周知的原因",隐含了大量的信息,这样,既避开了敏感问题、缓和了气氛,又表明了原则立场。

3.运用模棱两可的语言作出具有弹性的回答。

小故事：美国前总统罗斯福当年在海军服役期间,一位朋友问他有关美国海军在加勒比海某岛屿上建立潜艇基地的计划,罗斯福环顾四周以后,降低音调问到:"你能保守机密吗?""当然能。"他的朋友严肃地说。这时,罗斯福也微笑着说:"我也能。"这样,既避开了实质性的问题,又无懈可击。

4.善于选用恰当的词汇。

委婉语不仅能显示一种修养,而且可以表达一种尊重。例如:"残废"与"残障";"瞎子"、"盲人"与"视力残障"等不同说法既表达了委婉的程度,也表达了文明、尊重的程度。把"胖"说成"丰满",把"瘦"说成"苗条"、"骨感美",把"上厕所"说成"去洗手间"、"去方便"等都会显得更加文雅,不至于使听者过于难堪。

5.在批评、拒绝时用委婉语,则更容易取得成功。

例如:批评有"错误"、"毛病"、"缺点"这三个词,在词义上有轻重之分。在批评人时,选用不同的词汇,可以避免直接冲突,也更容易使对方接受。

又如:售货员看见有人借挑菜时往下摘菜叶,就提示:"请您不要把菜叶碰下来。"一个"碰"字,软化了批评。再如:与人交谈中,可将"不行"说成"目前,恐怕很难办到",言辞中的棱角就磨掉了。

6.幽默的功能。

幽默是快乐的源泉,是一种特殊的委婉语。幽默体现说话者的自信、能力、气质和心境。它有助于融洽人们的感情,消除误会,拉近双方的心理距离,使紧张严肃的气氛变得轻松、愉悦。另外它还

具有讽刺、批评和教育的功能。

「幽默小故事 1.」

钢琴演奏家波奇,有一次在美国密歇根州的福林特城演奏,发现全场座位坐不到一半,他自然很失望。当他走向舞台,对听众说:"福林特这个城市一定很富有。我看到你们每个人都买了两三个座位的票。"这时半满的场子里,充满了笑声,人们也更喜欢他了,因为他展示了自己特有的气质。

「幽默小故事 2.」

公共汽车上,一位女乘客不停地烦扰司机,汽车每行一站,就要司机提醒她,她要在哪里下车。司机一直很耐心地听,直到她大叫:"但是我怎么知道我要下车的地方到了没有?"司机却幽默地说:"你只要看我脸上笑开了,就知道是到了。"

【礼仪小故事】

德国大文豪歌德经过魏玛公园的一条小径时,恰好遇到一个曾经恶意攻击过他的政敌。那人意欲羞辱歌德,就故意趾高气扬地挺胸一站:"我从不给混蛋让路。"歌德立即回答:"我让。"说完很绅士地站到一侧,脱帽致意请他先行。

五、学会倾听

教师在日常教学工作和社会生活中,不能只顾自己海阔天空、口若悬河地侃侃而谈,许多时候,更要善于做一个听者。古人曾说:"愚者善说,智者善听。"做一个好的听众,不是让你呆呆地坐着,傻瓜一样地看别人讲话,而是要从你的目光神情、举止动作中表现出你对所听到的事情感兴趣,使说话者感到被尊重。在对方发言时,不能左顾右盼、心不在焉,或注视别处,显出不耐烦的样子。也不要老看手表,或做出伸懒腰、打哈欠、玩东西等漫不经心的动作。

课堂是师生双边活动的场所,不是教师独领风骚的舞台。学生是活生生的个体,由于受教育的环境和认知水平不一致,他们对问题的理解和对事物的看法也是有差异的。因此,面对学生认识的不一致、观念的分歧、思想的碰撞,教师要给予充足的时间,让他们分别表明自己的立场,阐述自己的理由,而不能急切地打断,或是把自己的观点强加给学生、或是代替学生过早地下结论。

在思想教育工作中,一个深受大家爱戴和尊重的优秀教师与学生交流或沟通倾听学生讲话时,会神态专注,表情自然,亲切和蔼,坦然真诚,尽量与学生同处在一个水平线上,身体微微向对方倾斜,并不时地用微笑和点头来表示称赞和肯定,营造平等融洽的谈话氛围。倘若自己有不同意见,会适时委婉地提出,而不是生硬地打断。即使学生因为自身原因犯了错误,也不会居高临下,摆出教师的架子,不分青红皂白先批评一顿。而是更加耐心细致地去倾听,让学生敢于、也乐于将自己的心里话给老师说出来。只有这样,长久之后,师生间才会成为真诚的、互相理解、互相帮助的良师益友。

【礼仪知识窗】
师生谈心礼仪

师生谈心,有时是课外辅导的一部分内容。生活中不难听到这样的话:"我跟他说了半天,口干舌燥,他就是不听。您和他谈,他怎么就同意了?"究其原因,还是交谈方式和举止礼仪的问题。

1、提前通知,有所准备。

教师最好事先选择好有利于学生接受意见的地点和场合,并及时通知,使学生有足够的思想和心理准备。如为了表扬、商讨或研究工作等方面的谈话,就是在办公室进行也无妨碍。如果是对学生提出批评,或向其了解不宜公开的情况,则一般应选择清净、不引人注意的地方进行为宜。在这种情况下,采取说"悄悄话"的方式,学生一

般会更容易听得进去,更容易接受意见,也更能够畅所欲言,使教师充分了解自己。在师生谈心过程中,尽可能做到不使学生难堪,这既是一种形式,也是对学生的礼貌和尊重。

2、举止端正,平等沟通。

教师找学生谈心,一定要做到师生平等。当学生应命来到时,教师要热情予以招呼。交谈时,教师可以适当地运用身体语言,如点头、身体前倾等。同时,师生或站或坐,都应保持双方的眼睛在一个水平线上,不能使学生有仰视或俯视之感,造成学生心理上的压抑感与距离感。谈话结束,教师还应起身送学生离去。

3、态度诚恳,语气平和。

师生谈心时,教师的神态要专注真诚,自然大方,用亲切的微笑与和蔼的神情,使学生真正放下思想包袱,轻松坦然地面对。教师的语气要尽量亲切平和,语速要略慢,语调要略低,应使用简洁、明了的语言,不要故作高深,借机卖弄。说话不要颠三倒四,毫无铺垫地从东跳到西,让学生无法理解和领会。更不可咄咄逼人,讽刺挖苦,不要追问学生不愿回答的问题。

4、客观公正,入情入理。

交谈中,不要言过其实,随意夸大,也不应传播不利于团结或道听途说的事情。尽可能地站在学生的立场上去考虑问题,分析问题。如果交谈中有批评学生的内容,谈话前一定要进行调查研究。对问题的处理一定要客观和公正,如果一次谈话效果不好,还可以耐心地再约第二次或第三次,直到双方思想沟通和问题解决为止。

5、耐心倾听,待机疏导。

师生交谈过程中,在学生说话时,教师应双目凝视学生,要认真、耐心听取学生的意见,不要东张西望、抓头摸耳,不要频频看表或接打手机,不要随便打断学生的话, 即使意见是片面的或错误的,也应该让学生把话说完。教师要注意控制自己的情绪,冷静分析,对学生的讲述要及时作出反馈,并借机进行批评开导。

图九:教师与学生亲切交谈

【礼仪小贴士】

　　法国著名思想家伏尔泰说过:"我不同意你说的每一句话,但是我誓死捍卫你说话的权利。"牢记这句话对我们每一个人都应是终生受益的。

第四章 教师教学活动礼仪

教学活动礼仪，是教师在课堂教学和校园活动中必备的基本礼仪。教育的目的是根据社会的需求和学生身心发展的规律，有计划有目的地把青少年一代培养成为德、智、体、美、劳全面发展，有社会主义觉悟、有文化的劳动者。各级各类学校在课堂教学之外，全面开展各项校园活动，正是为实现这一目的所采取的有效举措。

教学活动礼仪是教师学识、德行的外在体现，它反映了一名教师的文化教养和思想情操，可以从中预见到对未成年的学生所产生的不同后果。因此，教师讲究教学活动礼仪，是精神文明建设的重要内容，是人民教育事业兴旺发达的客观要求。

同时，讲究教学活动礼仪，是加强教师队伍建设的有力措施，是提高教育教学效果的有效手段。"当教师必不可少、甚至是最主要的品质，就是要热爱儿童"。教师作为"人类灵魂工程师"，应该处处以身作则，为人师表。除了这些内在必备高尚的道德品质及敬业爱生精神之外，还要不断增强和完善各项教学活动礼仪。学生会从教师点点滴滴的教学活动礼仪之中，感受到文化知识和品格修养的魅力，得到心灵的共鸣，健康顺利地成长为国家和社会的栋梁之才。

第一节 课堂教学礼仪

课堂教学是教师"教"与学生"学"所构成的双边活动,教师的主导作用和学生的主体作用在教学过程中得以充分体现。教师作为课堂教学的组织者和领导者,其教学行为必须符合教学规律和教学原则,符合受教育者的生理和心理年龄特征,能对他们起到积极重要的作用和影响。教师要具备正确得体的课堂教学礼仪,才可以清楚自己"怎样教",并帮助学生更好地解决"怎样学"的问题,要将枯燥乏味的教学活动变得生动有趣,使学生在轻松愉悦的氛围中积极自主地学习,领悟到更多的知识和技能。梁启超先生就曾要求教师自觉认识肩负的职责,热爱本职工作,从辛苦的工作中"领略到个中趣味",认为"在教育界立身的人,应该以教育为唯一的趣味,个人若是在教育上感觉不到有趣味,我劝他立即改行"。[1]

一、教学设计礼仪

教学设计是教师根据学科教学大纲和具体教学内容的要求,结合学生的实际情况,为了保证教学能够顺利进行并达到预期目的,事先进行的教学准备工作。

1.设计"教什么"。

即确定教学目标和教学内容,完成教师向学生传授科学知识(基本理论、基本事实、基本技能等)、发展各种能力(观察能力、记忆能力、思维能力、表达和实际操作能力等)、进行思想教育的任务。

---

[1] 梁启超:《趣味教育与教育趣味》。

2.了解教育对象,解决"怎样教"的问题。

教师除了对课堂教学过程的各个环节及重点难点熟知之外,更重要的是,还要充分了解教学对象,掌握他们的生理和心理年龄特征,研究他们的学习现状,明确他们已具备哪些基本知识和基本技能,还有哪些内容没有掌握巩固等等。

3.设计教法,解决学生"怎样学"的问题。

教师要预先准备好循序渐进、深入浅出的示例,奇妙典型的问题和悬念,中肯贴切的分析讲评等在教学过程中必不可少的步骤和内容。要采取多种教学方法,运用现代化的教学手段,让学生动脑动手、亲自体验参与,激发其求知欲和表现欲,引发其探索精神,培养其"善学、会学"的意识和能力,并充分体验到成功后的愉悦。

二、教学语言礼仪

教学语言是教师表达思想、教授知识、传播文明、启迪学生智慧、塑造学生心灵的最基本的工具和最主要的桥梁。师生在教与学之间,信息的相互传递,多数是借语言为中介进行的。当然,离开教师语言的讲解、指导和传授,学生也可以通过对实物、直观教具的直接知觉观察,以及"读、练"的形式,达到对某些学科内容的理解掌握。但这种独立活动不具备"教"与"学"的双边性,同时对于中小学生在知识和能力的培养和提高上,欠缺巩固和完善,因此,教师的教学语言,始终是教师教学工作中最常用、不可或缺的教学手段。

实践证明,教师语言表达的水平,会直接影响学生的课堂情绪,影响教师主导作用的发挥,影响教学效果的好坏和教学质量的高低。教师的教学语言,必须是经过加工的专业语言,要具有自身职业的特点。

1.教学语言要准确规范,具有科学性。

教师的教学语言要通过准确的用词去表达概念、阐述定理公式、进行分析综合、推理判断；要具有科学性，周到严密、含义准确、措辞精当、不生歧义；应是标准的普通话，发音吐字要清楚，遣词造句要讲究语法，叙事述理要符合逻辑。教师应该以这样的语言去揭示客观事物的本质，使学生得到清晰准确的认识，达到教学目的。课堂上最忌讳拖泥带水、重复啰唆，使教者劳心劳力而无功，学者心烦意乱而无获，甚至导致学生对这门课程产生厌烦的情绪，直接影响教育教学效果。

2.教学语言要热情诚恳，富有激励性。

语言作为一种感人的力量，它真正的美离不开言辞的热情、诚恳，富有激励性。教师的教学语言所传达的感情思想，来源于教师科学的世界观、人生观，来源于教师对教育事业的无限热爱，这些语言会给青少年学生思想和行为带来深远的影响。可能教师一句激励的语言，就足以改变一个孩子的一生。因此，教师要努力使自己的思想和情感融入教学语言中去，使情寓于言而溢于表，从而打动学生，使学生产生强烈的情感共鸣，真正受到感染和教育。

3.教学语言要生动活泼，讲究艺术性。

教师的教学语言要简洁精练，通俗易懂，具有内在的逻辑性和高度的概括性。要充分考虑到学生年龄特征，结合学科的知识特点，设疑激趣，扣人心弦。采用学生易于接受的语言进行教学，深入浅出，明白流畅。要生动形象，富有引导性，使学生如闻其声，如见其形，如临其境。力求使抽象的概念具体化，深奥的道理形象化，枯燥的知识趣味化。教师要广采博闻，诱发学生的心智活动，消除教学中师生的疲劳，活跃课堂气氛，使学生感到学习新奇有趣，知识易于理解。

无数成功优秀教师的教学实践证明，生动活泼、幽默形象、耐人寻味、富有情趣的语言，是最能调动学生学习积极性、启迪学生智慧的，而那些老生常谈的套话，八股式的陈词旧语，单调呆板、枯

燥乏味的讲解不仅会抑制学生的学习兴趣,窒息学生的才能,甚至也会影响到教师自身的教学情绪,形成师生教与学的恶性循环。

4.教学语言要循序渐进,富有启发性。

思维的规律告诉我们,思维的启动往往开始于好奇和疑问。教师在向学生传授知识的教学过程中,不仅要思路清晰,准确生动,而且要循序渐进,富有哲理。要注意举例形象生动,推理逻辑性强,能使枯燥乏味的名词概念、公理论断化繁为简,化难为易,不断地运用风趣幽默、机智贴切的语言调整学生的学习状态,用真诚的鼓励和适当的赞扬提高学生的积极主动性,使他们在教学活动中,学有所乐,学有所得。

同时,教师更要认识到,在教学过程中,教师不只是把知识全部正面地灌输给学生,而应是在教学中引导学生从一定的基础上思考自己的问题,从而得出相应的结论,并掌握其获取的过程和方法,使学生在教师的语言启发和激励下,进一步产生求知欲和学习的主动性,循序渐进地得到多方面综合性的提高和进步。

三、提问礼仪

古语曰:"学起于思,思源于疑惑。"教育心理学揭示,学生的思维过程往往从问题开始。有经验的教师在课堂教学过程中,会有意识地讲究课堂提问礼仪,精心设计悬念,为学生发现问题、解决问题搭建桥梁和阶梯,从而激发学生的求知欲望。

1.教师提问时,态度要亲切而自然。

中小学生的心智处于敏感时期,他们上课时的目光始终追随捕捉着教师的一举一动、一颦一笑,因此教师向学生提问时的神态要亲切而自然,学生就会在教师这种神态的鼓励下,积极开动脑筋,回答问题。反之,教师在提问时带有考问或严肃的表情,学生心里会觉得紧张害怕,不能平静地思考问题,使课堂提问的效果大大降低。

2.教师提问时,语气应和缓,带有启发性。

教师的提问语气一定要照顾到学生的接受能力，声调应有起伏变化,能将提问的重点显示出来,并充分引起学生的注意。用词必须准确,并以"请你回答"、"你考虑的如何"、"你试试好吗"等平易近人的话语,使学生能感受到老师的信任、鼓励和赞赏,从而增强学习的自信心和积极性。

3.教师提问时,要面向全体学生发问,引起全体重视,然后再指名回答。

教师先面向全体学生发问,再指名回答,可以使全体学生注意思考教师所提的问题,在各自心中都试拟一个答案,再以自己得出的结论,与指名回答者的答案加以比较评判,避免出现先指定一人回答,其他人不注意听讲、不动脑思考的结果。

4.教师提问时,切忌以问代罚,为难学生。

有些教师认为对那些不认真听讲的学生，就要让他站起来答不出问题,当众出一出丑。虽然教师的愿望是想以此手段教育学生改过自新,认真学习,殊不知结果却适得其反,伤害了学生的自尊心,甚至会影响师生及同学之间的关系。

四、答疑礼仪

答疑是课堂教学的重要辅助形式,是使教学能适应学生个性差异,贯彻因材施教教学原则的一个有效措施。一般有个别答疑、集体答疑、口头答疑和书面答疑等几种形式。教师在答疑过程中的表现,对教学质量、师生关系都有一定的影响,因此,教师的答疑不仅要将知识准确无误地传递给学生,而且还要具备应有的礼仪。

1.教师答疑时要热情,尊重学生质疑的权利。

尊重学生,就要热情地对待每一位质疑的学生,无论是口头质疑或书面质疑，无论是优等生还是差生，教师都应珍惜答疑的机

会,融洽和加深师生感情,建立良好的师生关系,激励学生的学习兴趣。如果教师在答疑时态度冷淡,匆匆应付甚至回绝学生的质疑,就会使学生对教师的感情、能力产生疑问,削弱甚至丧失学习的信心。即使有些学生所质疑的问题是因其课堂听讲不认真造成的,教师也要耐心地听学生说出自己不明白的问题,切不可脱口就去责备学生,使学生本已后悔且想补课的积极性一下子消失。只有在教师耐心而热忱的讲解中,学生才会认真反思自己的学习态度,努力上进,奋起直追。

2.教师答疑时要民主,以良好的心态对待学生及其表现。

学生向教师提出疑问时,思维是否活跃,创造欲是否强烈,很大程度上取决于教师答疑时的民主程度。教师在答疑时以良好的心态,民主平等地对待全体学生,鼓励学生不唯教材、不唯教师,敢于班门弄斧、异想天开,学生就会开启思维的大门,展开联想的翅膀,将疑问变成追求知识的动力。

3.教师答疑时要及时妥善引导,满足学生的求知欲望。

对学生提出的问题,教师要尽可能及时解答。如果当时回答有困难,教师要实事求是地告诉学生,之后通过查找资料等途径,尽快将答案回复给学生。这样学生能从教师坦诚的答疑作风中,体验到严谨的治学态度和对学生的尊重。同时及时的回复答案,也能使正确的知识在学生头脑中留下深刻鲜明的印象,满足学生的求知欲望,进一步提高学习效率。

五、课堂讨论礼仪

课堂讨论是教师授课方式中的一种,是锻炼和提高学生分析、解决问题能力、逻辑思维能力和语言表达能力的有效途径。其表现形式多是由教师提出问题,组织学生分组进行研讨议论,发表各自见解和观点,然后再由教师对讨论情况进行必要的总结,从而加深学生对讨论内容的认识和理解。

1.选择课堂讨论的议题,要以掌握教材和了解学生为依据。

学生在课堂讨论过程中,认真思考,举一反三,这种学习的积极性在很大程度上是要靠教师去调动的。教师提出的议题必须是以掌握教材和了解学生为依据,在教学重点处设置疑点,提出适合学生认知能力的规律性的问题,使讨论产生"一石激起千层浪"的反响效果。从而引发学生的浓厚兴趣,调动其努力探究的学习积极性。

2.在组织课堂讨论中,要注意启发诱导,鼓励学生善于思考,勇于辩论。

中小学生正处于求知欲望最强烈的时期。在课堂讨论中,教师要以启发性的语言通过恰到好处的点拨,随机应变的引导,使学生的思维向纵深发展。要不断激发学生的讨论兴趣,鼓励学生善于思考,积极发言,并且勇于坚持自己的观点,发表不同的见解,展开辩论,从而培养学生孜孜不倦的学习态度和勇于追求真理的精神。

六、实验教学礼仪

实验室是学校培养学生具有现代科学知识和科研能力的重要场地。现在我国不少中小学不仅有实验室,甚至建有实验楼,并配备了专职管理人员。教师在进行实验教学时应具备以下几方面的礼仪规范:

1.遵守实验室的有关操作章程和管理制度,正确使用实验仪器及用品。

教师带领学生开始做实验以前,一定要将各学科实验室的有关规定,认真地逐条进行宣讲,并亲自动手做正确的要领示范,同时要书面板书出操作程序,供学生实验中采用。因为中小学生的心理、生理特点决定了他(她)们面对新事物具有强烈的好奇心,轻过程重结果,急于动手,往往忽视实验过程中的安全步骤等因素,造

成不必要的仪器损坏或其他实验事故。

2.指导教师的着装必须符合实验室的有关规定。

不少有经验的教师(特别是生物、化学等学科),当他们准备给学生做实验时,都会特意穿上实验室的专用工作服,使学生从教师的着装变化中,感受到实验教学与其他教学的不同,从而自觉遵守实验操作的要求,也间接地对科研有最初步的认识。

3.实验教学的语言更要准确清晰,条理分明,不厌重复。

实验室的特定属性,师生动手多于动口。教师在学生实验前的指导中,教学语言必须准确无误,层次分明,重点突出(特别是对于容易发生危险的环节),对需要引起学生注意的关键性内容要不厌其烦地进行重复,提示学生认真重视。

4.平等对待每一位学生,多加巡视辅导。

课堂上,教师要平等对待每一位学生,尽量使每个人都有动手实验的机会。当学生进行操作时,教师要不断巡视在实验台周围,随时观察指导。

七、电化教学礼仪

作为 20 世纪 30 年代在中国出现的电化教学,发展到今天已经成为一种必要的、现代化的教学体系,如幻灯、电影、电视、电子计算机、视听讲台、语言实验室、网络教室等,其内容和形式都在不断的丰富和完善。它对提高教学效率和教学质量、扩大教学规模有着积极的作用。教师在电化教学中除了要了解电化教学的方法和原则、合理地使用电教设备外,还要通过自身的规范礼仪,为学生做出表率,提高电化教学的功效。

1.教师要通过适宜的举止动作,给学生做出爱惜设备的示范。

没有电教器材就没有电化教学。现在无论哪一类学校在电教设备的投资上都会花费很大,在电化教学中,教师要以准确、适宜的举止动作,严格遵守电教设备的使用程序,表现出对电教设备的爱惜,提高电教设备的使用效率。

2.教师要尊重设备管理人员。

电化设备管理人员作为电化教学的教辅人员,对设备的管理、维修承担着相应的责任。有些教师自认为高人一等,在电化教学中,对保管人员不够尊重,使用设备时,一味要求管理人员干这干那,或上课完毕,不管不问扬长而去,既影响了同事间的相互关系,也会造成工作上的诸多不利。

3.教师要充分发挥学生的主体作用,激发学生的学习兴趣。

中小学生对电化教学,会充满好奇,一般学习的积极性都比较高。教师在学生接触电教设备时,要对学生进行专业知识的教育。在电化教学中,要通过详细的讲解、认真的示范,充分发挥学生主体作用,进一步激发学生的学习兴趣,绝不能以设备代替传授,交给学生放任不管。

【礼仪知识窗】

美国心理学家艾伯尔·梅柏拉,曾对语言行为传递信息的效果进行过因素分析,最后得出一个十分有趣的结论:课堂信息传递的总效果 =7%的文字 +38%的有声语言 +55%的体态语言。由此可见,体态语言与有声语言一样,在课堂讲授中发挥着重要作用。

北京大学附中特级数学教师陈剑刚认为:"一个成熟的教师,应善于在教学工作中扬长避短,逐步养成切合自身特点与教学实际的、良好的教学习惯与教学方法,逐步形成能反映自身特点的、独特的教学风格,具有一定的教学特色,并在实际教学工作中不断调整、更新与充实。"他本人就是一个激情型的教师,注意以自己的激情诱发学生的学习热情与兴趣,习惯于对话式教学和变式教学,将个体思维与群体思维辩证地结合起来,加快学生的思维节奏,提

高思维的灵敏度。课堂上,紧张、活泼、高效率;课堂下,独立、自由、低负担,从而使他的教学形成了独特而鲜明的个人风格。①

【礼仪格言】

教师的语言修养在极大的程度上决定着学生在课堂上的脑力劳动的效率。我们深信,高度的语言修养是合理利用时间的重要条件。

——前苏联教育家苏霍姆林斯基

第二节　课外讲评礼仪

课外讲评是指教师在课堂教学之外进行的教学辅导、作业批改、考试点评等工作,教师要针对实际情况,表现出应有的规范礼仪。

一、教学辅导礼仪

教学辅导包括课堂辅导和课外辅导。课堂辅导是指在课堂上,教师针对全体学生讲授辅导;课外辅导主要是针对不同程度的学生进行单独辅导。不同程度的学生,可以看做是课堂教学中"吃不饱"或"吃不了"的学生。"吃不饱"的学生对课堂教学感到不满足,希望教师能额外给自己开小灶,多些学习内容;"吃不了"的学生则希望教师能就课堂教学的内容再给些辅导,以便能理解消化学习的知识。当然也有因病或其他原因耽误了功课,需要补课的学生。具体在辅导中教师要注意以下的礼仪规范:

1.坚持平等性原则。

辅导过程中,教师和学生的关系是平等互动的。教师不能歧

---

① 李如密:《教学艺术论》,第61页。

视、轻视任何一个学生,也不盲目高看一些学生。对待程度差的学生,决不能在言语、举止方面有居高临下的表现。例如动手点脑壳、说其笨、撕作业、摔课本等现象,这样既伤害了学生的自尊心,也打击了学习的积极性。对待程度好的学生,也不能过分的"溺爱",使学生骄傲自大,忘乎所以,放松努力,甚至瞧不起成绩差的学生,影响同学之间的感情。教师要视学生的具体情况,谨言慎行,不断启发学生的进取心和竞争意识,使他们在平等友好的相处中,得到学业上的更大进步。

2.坚持相互信任的原则。

信任来自于理解与尊重。教师要通过规范、礼节性的言谈举止,使学生体验到教师的信任,发自内心地愿意配合教师的辅导工作,和教师共同完成辅导任务。对于无所顾忌、趾高气扬、程度较好的学生,教师要用严肃的目光示意其克服浮躁,沉静下来。而对于程度偏差的学生,教师则要面带微笑,通过给学生整整衣服,理理发辫等适宜的举止动作,鼓励、信任的言语和目光,使学生紧张的心情松弛下来,逐渐克服自卑感,体验到努力之后的成功,培养起进取向上的信念,成为学习的主人。

二、作业批改礼仪

作业批改,是教师教学工作中的组成部分,是课堂讲授的延续和深入。教师作业批改的质量对学生的学习具有相当重要的意义,同时也反映出教师自身的文明礼仪程度。

1.书面批改礼仪。

书面批改作业是中小学教学中最主要和最常见的作业批改形式。教师在把握宽严程度的标准外,还要掌握书面批改的有关礼仪,才能使批改工作达到预期的目的。

(1)书面批改语言要公正、客观、具有激励性。

教师要针对学生作业的实际情况,精心选择既简练、又客观的话语,激励学生奋发上进,切忌讽刺挖苦、一棍子打死等不负责任的言辞出现在学生的作业本上。一位曾因教师在作业中说"基础太差"的学生,却会在另一位教师"很有灵气"的鼓励中发奋学习,而逐渐成为该学科的尖子。许多的事实证明,教师在作业批改中不经意的一句话,很可能会成就一位爱因斯坦或毁掉一个天才。

(2)在书面批改中的各种符号或评语位置要科学、适中。

教师要用表示对或错的符号、科学而又亲切的评语,给学生作业一定的结论。尊重学生而又治学严谨的教师,会像课堂讲授一样认真而慎重地判断作业的正误,并在适当的位置写上精辟的评语,用亲切对话的语气,给学生知识上的正确引导和精神上的赞扬激励,最大限度地调动学生学习的积极性。

(3)书面批改的字体要以标准的楷书为主,疏密得当,整齐美观。

处于心理敏感期的中小学生,其"向师性"十分强烈,那展现在作业本上的字体和内容也会成为学生"监督"或者是"学习模仿"的直接对象。如果教师书面批改的字体规范,行间得当,评语客观,条理流畅,那么学生以后的作业书写自然认真整齐,语句表达也会日趋通顺。

(4)教师的书面批改要及时。

教师要将收上来的作业及时批阅,并尽快将作业本返回到学生手中。从心理学上看,这样做一方面可以使学生从批改后的作业阅读中,对所学知识得到纠正巩固,强化提高,另一方面也能使学生从教师尽职尽责的行为中受到启发和影响,养成"今日事今日办"的良好学习习惯。

【温馨提示】

教育专家认为,以往批改作业的"√"与"×"传统做法过于简单。有些学生一见"×",就觉得自己成绩差,"×"多干脆不管了,这样容易刺伤学生的自尊心和自信心,同时不利于指导学生认识及纠正错误。如果改成"?",学生会去想为什么做错了,改正后可以再换回"√"。

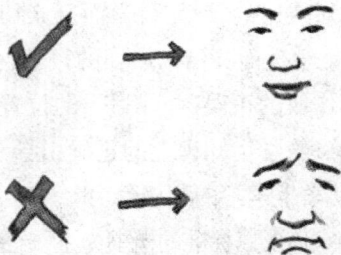

图十:传统的批改方式与学生所产生的心理反应

2.当面批改礼仪。

当面批改作业一般有如下情况:一种是课堂上当场布置作业当场完成,教师给予整体的书面批改;一种是个别人书面作业完成不好,屡改屡错,需要教师当面一对一给学生进行批改讲解;还有一种是朗读、复述、背诵等口头作业或测量等技能训练作业,需要教师当面给予评定。可以说,教师当面批改作业,对学生的直接影响力最大,因此也是因材施教的绝好机会。

教师在当面批改作业时,应平易近人,具有亲和力。要使学生不仅敢于、更要乐于和教师面对面地分析讨论作业的情况。虽然现在中小学生的民主意识、自主意识较强,但直面教师、正视作业时,心理上的惧怕感还是会有的,特别是平时学习较差的学生更可能会胆战心惊。所以教师切忌态度生硬,言辞尖刻,甚至动作粗暴地

拍打或撕扯作业本,使学生惧怕难堪,心理上产生抵触情绪,出现适得其反的教育效果。

对待口头作业或技能活动的点评,教师的神态应该更加安详自然,以亲切和蔼的微笑、鼓励赞赏的点头或轻轻鼓掌等体态语言激励学生大胆表现,充分展示自己的语言表达能力、逻辑思维能力和实践技术能力。进行当面评价时要多鼓励少批评,多辅导少指责,既不挫伤学生的自尊心和积极性,又能帮助他们及时纠正错误,得到学业上的不断进步。

【礼仪知识窗】
作业评语的礼仪规范

评语,是一种作业批阅的常用方式,实践证明,使用评语,可以弥补"√"、"×"判断方法的不足,还能从解题思路、能力、习惯、情感、品质等多方面综合评价学生的作业。它有利于培养学生的发散性思维,形成创新意识;更有利于加强师生之间的情感交流,调动学生学习的积极性和主动性。这种评估方式符合素质教育的要求,更符合青少年健康成长的心理需求,同时也能反映出教师以学生为本的教学礼仪规范。

1.作业评语的原则。

简洁明了、自然亲切、实事求是、充满希望、富有启发性和激励性。

2.正确使用评语。

适当的带有感情色彩的评语,可以激发学习兴趣,强化学习动机,养成良好的学习习惯。对作业中的对与错客观的评价和鼓励,能使学生对成功和失败有一个正确的认识,"胜不骄,败不馁。"能够从容面对失败,树立必胜的信心。下面列举一些好的评语,供参考:

(1)"看到你在进步,我万分高兴,希望你更上一层楼!"

(2)"你准行!""你的进步很大,因为你付出了劳动!"

(3)"解得巧,方法妙!"

(4)"完全正确,如果字再写得整齐一点,那就更好了!"

(5)"还有更好的算法吗? 快,动脑筋再想想!"

(6)"结果正确,但格式正确吗?"

(7)"搬开前进的绊脚石——粗心,你就会阔步向前!"

(8)"和细心交朋友!"

(9)"你的字写得很漂亮, 要是能提高正确率, 那肯定是最棒的!"

⑽"聪明的你,一定能发现简便方法!"

⑾"没做对,没关系,再试一次!"

⑿"太好了! 完全正确! 我为你而骄傲!"

三、考试点评礼仪

考试、批阅、讲评试卷是教学评估过程中十分重要的环节,对学生存在着明显的导向和激励作用。教师要善于利用考试这一杠杆,帮助学生找出学习过程中存在的不足,努力追求真才实学。讲评试卷,是让学生"知其所以然",明白"考我什么",由被动地埋头做题变为主动地审视答题。教师讲评试卷应建立在规范、宽容、理解、尊重的基础上,照顾到每个学生的心理感受,真正达到巩固知识、领悟道理、开阔视野、掌握技巧、提高应考能力的讲评目的,体现教师严谨的治学精神和礼仪规范。

1.试卷讲评要及时,要认真准备讲评内容。

学生考试后,都迫切希望知道哪些做对了,哪些做错了。若拖延一段时间才讲评,学生心中的迫切感减退了,所做的题目也淡忘了,讲评的促进作用就会受到很大影响。因此,试卷讲评一定要及时。讲评前,教师要认真准备好标准答案;与考试目的相结合,注明考点;吃透试题内容;分析失误原因、总结失误类型;突出共性问题,不要面面俱到;贯

彻前后知识,备好讲评材料,这样才能使讲评达到最佳效果。

2.遵循讲评原则,尊重学生,保护学生的积极性。

试卷讲评时教师难免要做一些总结, 或表扬鼓励, 或提醒告诫,但要掌握尺度,切忌只顾分数、不管其他,一味地表扬好学生、批评后进生。多肯定,少责备,应教育学生正确对待考试,正确对待成绩,好学生在高分面前应不自满,后进生在低分面前应不气馁。每个同学都是集体的一员,同学间要互相帮助,共同进步,不要轻易让一个同学掉队。

3.讲评针对性强,提高讲评的实效性。

讲评的目的在于教与学双方通过讲评,发现各自存在的问题,以便在今后教与学的过程中,加以解决。教师要选择有针对性的问题,从多方面多角度讲评,切莫把答案公布就完事。讲评过程中,可以讲一练一,特别是容易出错或不懂的问题,要进行多次的复习巩固。对学生的求异思维或不理解的地方,教师要认真聆听学生的见解,做出适当的处理,并肯定和赞赏学生的发散及创造性思维。

4.试卷讲评用语要巧妙。

教师要注重讲评技法,采用适当而巧妙的语言表达方式。可以直接肯定,也可以用各种体态语来暗示鼓励。要特别看到后进生的点滴进步,及时给予表扬奖励,让他们树立奋起直追的信心。比如:对于试卷答得不好的学生,可以表扬其字体书写认真;对于平时粗心大意的学生,考试中对一道较难的应用题却很细心,并完全答对,应及时特别提出表扬,教师要在肯定和鼓励的讲评用语中,指明每个学生身上的闪光点,给他们带来成功的希望和努力上进的决心。

【礼仪小贴士】

有关机构对我国中小学师生关系现状的调查结果显示:48.99%的教师"很爱"学生,而感受到这种爱的学生仅有 5.61%。导致这种强烈反差的原因大致有二:一是学生感受爱的能力差;二是教师表达爱的方式不当,学生难以感悟或理解。就教师而言,对爱的理解的偏差,会形成不良的师爱类型。[①]

【礼仪小摘录】

你这糊涂的先生,你的学堂成了害人坑! 你的墨水笔下有冤魂!

你说瓦特庸,你说牛顿笨。你说像个鸡蛋坏了的爱迪生。

若信你的话,哪儿有火轮? 哪儿有电灯? 哪儿来的微积分?

————著名现代教育家陶行知

---

① 李慧:《师爱的真心》,载于《班主任之友》,1998 年第 4 期。

第三节　校园活动礼仪

现代的校园活动丰富多彩，各种各样。依据形式的不同，大致可分为各种课外活动和各项集会两大类。

一、课外活动礼仪

课外活动是对学生进行德、智、体、美、劳五方面综合教育的重要途径，能够充分发挥学生个人的主动性、积极性和创造性，有利于学生特殊才能的发展。指导教师应根据活动的内容来精心选择、设计、布置活动举行的地点和环境，以突出主题、深化主题、烘托主题，力争以景育人，使之具有典型性、艺术性，增强活动的感染力和影响力。

1.升国旗礼仪。

国旗是一个国家的象征，升国旗是对青少年进行爱国主义教育的一种方式。学校里的升国旗仪式一般在每周星期一举行（假期及天气不好除外）。升旗时，在校师生都应列队排列整齐，面向国旗，肃立致敬。

（1）升旗礼仪的程序

①出旗：旗手持旗，护旗在旗手两侧，齐步走向旗杆，全体师生立正站立；

②升旗：奏国歌，师生行注目礼；

③唱国歌：全体师生共同高唱国歌；

④国旗下讲话：由校领导、教师、学生或先进人物等作简短而有意义的讲话。

（2）升、降国旗的礼仪要求

①升旗是一项庄严神圣的爱国主义教育活动。当五星红旗冉冉升起时，所有在场的人都要肃立、脱帽、行注目礼，切忌自由走动、嘻嘻哈哈或东张西望。

②降旗一般在傍晚静校时举行，不再举行仪式，由旗手和护旗直接将旗降下来。降旗时态度要认真恭敬，将旗仔细卷好，交给负责保管的教师，不可将国旗弄脏、揉皱。

2.班会礼仪。

班会是以班级为单位全体学生的会议或活动。它既是班主任对学生进行管理、引导和教育的重要途径，又是培养和展现学生自我管理能力，增强学生主人翁意识的一种主要形式，同时也是处理和解决班级问题、开展各项活动的有效时机。

中小学生的生理和心理特点，决定了仅用说教的形式是不会取得理想的教育效果的，因此班会的形式要新颖、活泼、引人入胜。如报告会、演讲会、讨论会、辩论会、学习经验交流会、观摩会、评议会等，使全体学生在丰富愉悦的集体氛围中，得到努力向上的人生体验，从而形成良好的班风和学风。

①确定班会内容时要有针对性和预见性，要具有教育性和创造性、趣味性和思想性。

②班会的筹备与组织要有实效性、主动性和整体性。

③班会既要充分发挥学生的主体作用，又不能忽视教师的主导作用，班主任要对学生的观点和看法加以及时的引导、提炼和总结。

④教师在召开或总结班会时，要实事求是，一视同仁；讲话要简明扼要，深入人心。最好不要拖泥带水、唠叨啰唆，这样会引起学生的不满和反感。

图十一：教师与学生热烈讨论

3.节日活动礼仪。

举行庆祝节日的各种活动，作为我国悠久文化的一个组成部分，在漫长的历史长河中世代沿袭相传。而各级各类学校也常常会在元旦、清明节、五四青年节、六一儿童节、教师节、国庆节等节日期间组织各种形式的庆祝活动，它既可以丰富学生的校园和文化生活，同时也会使其受到很好的思想和道德教育。

①元旦

元旦有"一元复始"的意义，之前学校或班级都会有庆祝活动。学生们个个动脑筋，献计策，出板报，挂彩条，或高歌，或舞蹈，或制作出精美的手工艺品，尽情展示自己的艺术才华。同时也借元旦节日活动之机，将一声真诚的问候和温暖的祝福送给一年来辛勤培育自己的老师，表达尊敬和感激之情。

②清明

清明原是我国历法中特有的二十四节气中的一个，通常在公历的4月5日左右。对于学校来说，清明节是向广大学生进行革命传统教育的一个好时机。组织青年、团员和少先队员制作小白花、祭扫烈士墓，以表示对革命先烈的沉痛哀悼和深切怀念。参加这一活动要保持庄严肃穆的气氛,任何人不得嘻嘻哈哈。其主要仪式有献花圈、读祭文、行礼致敬或在烈士墓前植树、栽花。

③五四青年节

在这个我国青年自己的节日里,全国各地都会举行各种有意义的活动,来纪念1919年的五四运动。学校可以举行"五四魂"、"爱我中华"等演讲或诗文朗诵会,进行"火红的五月"等合唱比赛,举办专题图片或论文展览,邀请先进或杰出人士做事迹报告等。在各种形式的活动中,使学生用心体会爱国主义的真正含义。

④六一儿童节

孩子是祖国的未来,明天的希望。作为教师,应积极策划并开展一些新颖、活泼、儿童易于接受的活动内容,让孩子们有机会走出书本和教室,在快乐和欢笑声中共同庆祝这个属于他们的节日。可以是才艺展示、智力竞猜、游戏娱乐、科技观摩,也或者是家长、孩子和教师共同参与的"亲子"游戏活动等各种形式。

⑤教师节

我国于1985年把每年的9月10日定为教师节。这体现了全社会的尊师重教,更是提高教师地位的一个重要标志。在这一特殊的节日里,学校会举行隆重的纪念会,表彰一年内在教学、科研上做出突出成绩和贡献的教师及模范班主任。也可以用文艺演出或图文汇展来热情讴歌那些默默奉献的园丁们。学生则往往会在教师节前为自己的老师做一件实事,如讲桌上的一杯清茶、黑板上的一句"老师,您辛苦了"等等。

⑥国庆节

每年10月1日的国庆节是我国各族人民举国欢庆的盛大节日。学校在此时会摆放鲜花组成图案,布置校园环境,悬挂横幅和标语,还可以举办"国庆专题"的展览、演讲、班级合唱比赛等,歌颂祖国所取得的伟大成就,进行爱国主义的思想教育。

二、集会礼仪

集会是学校日常工作中不可缺少的重要组成部分。包括各种庆典大会、行政校务和教研会议。参加这些集会,可以丰富教师的精神世界,加强教师的知识素养,扩大视听范围。由于参加人数众多,又是正规场合,因此教师更要格外注意集会中的礼仪要求。

1.庆典大会礼仪。

庆典,是各种庆祝仪式的统称。在学校活动中,教师参加的庆祝仪式主要是开学典礼、毕业典礼、学校成立周年庆典、学校荣获某项荣誉的庆典等。各种庆祝仪式,要务实而不务虚,既增强学校全体师生的凝聚力和自豪感,树立新形象,又使社会各界对学校重新认识,刮目相看。

庆典的礼仪规范,主要由组织庆典的礼仪和参加庆典的礼仪两项基本内容组成。对教师而言,需要遵照多方面的不同要求。

(1)组织庆典的礼仪

①确定出席庆典的人员名单

②安排好嘉宾的接待工作

③布置好举行庆祝仪式的现场

④拟定好庆典的具体议程

(2)参加庆典的礼仪

参加庆典时,教师应注意自己临场之际的举止表现。做到:仪容整洁、服饰规范、遵守时间、表情庄重、态度友好、举止文雅。若教师有幸在庆典中发言则应注意:镇定自若、礼貌真诚、言简意赅、慎用手势。

2.行政校务和教研会议礼仪。

(1)行政校务会议

行政校务会议是指学校讨论计划安排、教学成果、评优晋级、任命处分、财务开支等,群众关心的焦点、热点问题的会议,是为保证学校行政领导决策的科学化、规范化、民主化,不断提高工作效

率,充分行使学校行政指挥权,加强学校行政管理工作的会议。教师在参会时要注意以下几点:

①善始善终

不迟到早退,遵守会议各项准则和要求,自觉维护学校荣誉,把会议开得圆满、成功。

②保持安静

会议期间,要时刻注意自身的行为修养,不交头接耳,不随意走动、喧哗,保持会场肃静,认真专注地听取一切发言。

③文明听会

发言人发言开始和结束时,都应报以热烈的掌声表示欢迎和感谢,营造民主、文明的会风。

(2)教研会议

教研活动通常每周集中开展一次,以教研组为单位,活动的内容和形式不做统一要求,但必须与学科教学工作有密切关联,能起到积极的促进作用。

①教研组长负责制定活动计划,安排活动内容,召集主持活动,做好活动考勤记录,并及时向教研处汇报活动情况。

②本组教师必须参加教研活动,针对活动内容可以畅所欲言,互励互勉。交流教学感受和经验时,发言应简短,观点应明确,以协调、讨论、沟通为要旨,共同探求本学科中的教学秘诀。

【民意调查】

一、我国学生喜欢的教师类型

我国曾有人以"学生喜欢怎样的教师"为题,向 4415 名中学生作书面调查,研究结果如下[1]:

---

[1] 邵瑞珍主编:《教与学的心理学》,华东师范大学出版社,1990 年版,第 367 页。

次序	教师品质	初一初二 约 2020 人	初三 约 610 人	高一 约 1770 人
1	教学方法好	78	86	85
2	知识广博	71	90	88
3	耐心温和	75	78	77
4	实事求是,严格要求	57	62	61
5	热爱学生,尊重学生	59	58	53
6	对人对事公平合理	52	42	44
7	负责任,守信用	33	32	36
8	说到做到	36	24	24
9	有政治头脑,关心国家大事	18	13	16
10	讲文明,守纪律	14	8	10

二、美国学生喜欢的教师类型

美国《时代》周刊曾刊登了保罗·韦地博士在收集了 9 万名学生关于他们心目中喜欢怎样的教师的想法之后，归纳出的"好教师"的 12 种基本素养[①]：

1、友善的态度——"她的课堂犹如一个大家庭，我再也不怕上学了。"

2、良好的仪表——"她的语调和笑容使我很舒畅。"

3、耐性——"她绝不会放弃要求，直到你会做为止。"

4、兴趣广泛——"她带我们到课堂以外，并帮助我们去把所学到的知识用于生活。"

5、会尊重课堂上每一个人——"她不会把你在他人面前像猴子般戏弄。"

6、公正——"她会给予你应得到的，没有丝毫偏差。"

7、幽默感——"她每天会带来少许的欢乐，使课堂不致单调。"

8、良好的品行——"我相信她与他人一样，会发脾气，不过我从未见过。"

---

① 廖时人等编:《教育学的学与用》,人民教育出版社,1991 年版,第 8 页。

9、对个人的关注——"她会帮助我去认识自己,我的进步赖于她,使我得到松弛。"

10、伸缩性——"当她发觉自己有错,她会说出来,并会尝试其他方法。"

11、宽容——"她装作不知我的愚蠢,将来也是这样。"

12、颇有方法——"忽然间,我能顺利念完我的课文,我竟然没有察觉这是因为她的指导。"

三、日本学生喜欢的教师类型

日本学者上武正二、大竹诚和光安文夫等分别调查了中小学学生数千人,排列出学生所喜欢的 19 种品质①:

研究者 被研究者	上武正二 小学一年级至高中 三年级(4588 名)	大竹诚 初中一年级至 高中二年级(698 名)	关安文夫 小学四年级至 六年级(1567 名)
1	教育热心	理解学生	教学方法好
2	教学易懂	亲切、平易近人	各方面都很热心
3	开朗	能信赖学生	平易近人
4	公开	公正	喜欢运动
5	理解学生	教得清楚	开朗快乐
6	亲切	开朗	公正
7	平易近人	感情真挚	脑子好
8	有趣	教育热心	知识丰富
9	不发脾气	守时、不懒惰	讲话对学生有益
10	幽默	活泼	照顾学生
11	直爽	教学有趣	兴趣广
12	与学生一起活动	知识丰富	有实力
13	活泼	责任心强	有钻研心
14	擅长运动	认真	亲切
15	多与同学讲话	教学水平高	整洁
16	有学问	一丝不苟	身体健康
17	言语明了	品格高尚	黑板字漂亮
18	健谈	有信仰	言语明了
19	疼爱学生	文雅	年轻

---

① 邵瑞珍主编:《教与学的心理学》,华东师范大学出版社,1990 年版,第366 页。

【礼仪摘录】

爱是最好的老师(节选)①

许多年前,有一个叫约翰·霍普金的教授给他教的毕业生布置了这样的作业:去贫民窟,找200个年龄在12到16岁之间的男孩,调查他们的家庭背景和成长环境,然后预测他们的未来。学生们调查后得出结论:那些男孩中有90%的人将有一段在监狱服刑的经历。

25年后,教授给另外一批学生也布置了一个作业:检验25年前的预测是否正确。学生们又来到贫民窟,与200名男孩中的180名取得了联系,发现其中仅有4人曾经进过监狱。

为什么那些男孩住在犯罪多发的地方却有这么好的成长记录呢?研究人员感到很纳闷也很吃惊,后来他们被告知:有一个老师曾经教过那些孩子……

通过进一步调查,他们发现75%的孩子都是一个妇女教过的。研究人员在一个"退休教师之家"找到了那个妇女。

究竟那个妇女是怎样把良好的影响带给那些孩子的?为什么这么些年过去了,那些孩子还记得那个妇女?研究人员迫不及待地想知道这些问题的答案。

"不知道,"妇女说,"我真的回答不了你们。"她回想起多年前和孩子们在一起的情景,脸上浮起了幸福的笑容,自言自语地说:"我只是很爱那些孩子……"

---

① 诺曼·文森特·皮尔文:《爱是最好的老师》,王启国编译,《环球时报》,2005-12-23

第五章 教师社会交往礼仪

"知识使人变得文雅，而交际能力使人变得完善"。所谓社会交往，就是人的社会存在方式，是指在一定的历史条件下，人与人之间互相往来，进行物质、精神交流的社会活动。社交礼仪是人们从事交往、交际活动的行为标准和规范，它是社会礼仪体系的主要内容，也是教师礼仪中的一个重要组成部分，其实质是人们相互间彼此信息传递、情感交流、思想沟通，借以施加影响的心理联系过程。教师在社交中不仅要严于律己，而且要宽以待人，要善于协调处理好自己与学生、家长、同事同行、上下级等各种各样、形形色色的人际关系。

第一节 师生关系礼仪

教书育人是教师的主要工作，学生是教师的主要交往对象，因而师生关系是教师在人际关系中最重要的一个方面。它直接影响着教学进度、教学质量和教学成果，直接影响到学生的身心发展和教育目的的实现。良好的师生关系应该是建立在互相尊重、民主平等基础上的"亦师亦友"型。

作为一名人民教师，必须把热爱事业、热爱未来的强烈感情全身心地倾注到教育对象——学生身上，了解、关心每一个学生的全面发

展,充分发扬学生的主体性,培养学生的创造性。而作为学生,更要尊重信任每一位教师,要在教师的教育和指导下,认真努力地学习各种科学文化知识,培养各方面专业技能。只有师生共同友好合作、和睦相处,才能建立积极和谐的师生关系,取得良好的教育教学效果。

一、师生关系的特点

1.教师与学生所处的地位不同。

从培养人的角度来说,教师是一代新人的精心培育者,在教育教学活动过程中处于主导地位,具体体现为教师提出学习任务、处理学生所发生的问题、对学习的结果进行评价等。学生作为受教育者,在与教师的角色对应中,他们一方面处于被领导和被管理的地位,要服从教师的教学要求、执行教师安排的任务等,另一方面他们又是学习的主体和主动者,有自己的内心思想和主观需求。

2.教师与学生履行的职能不同。

教师的职责是教好学生,培养符合国家和社会需要的人才。教师都力求耗费最少的时间和精力来获得最好的教育教学效果,力求使学生学的知识多一些,能力发展强一些,掌握程度深一些。为此,教师就要采取在他看来最为行之有效的教育、教学方法和组织形式,不断端正学生的学习动机,激发学生的学习积极性和主动性,使学生的兴趣爱好始终保持在学习的过程中。而作为学生,基本职责是学习知识和本领,懂得做人的道理,使自己将来能够胜任社会主义现代化建设的各项工作。但是,除了高年级学生外,一般学生通常不能清醒地认识到这一点。他们当中不少人认为自己的学习是为了教师,为了父母,是外界强加给自己的额外负担。他们一心想教师布置作业少些,学习轻松些,考试容易些,成绩记得高些。因此,在教育教学过程中,教师要特别注意引导,使中低年级的学生能够正确和充分认识到学习对于自身的重要性和必要性,从而做到积极主动,有的放矢。

3.教师与学生发展的程度不同。

一般来说,教师的知识经验、思想品德和内心情感都是比较成熟的,有足够的约束力和自制力。而学生的知识经验有限,辨别是非的能力比较差,作为青少年,他们的世界观、人生观正在形成阶段,行为举止容易受情绪、情感及外界事务所支配和干扰。

二、师生关系礼仪

1.教书育人,是非分明。

教育政策和法规是我国社会主义教育事业发展的指南,学习掌握党和国家的教育政策,遵守教育法律法规的章程,是教师首要和基本的职业道德要求。我国教育法提倡爱国主义、集体主义和社会主义教育,要培养公民做有道德、有理想、有纪律、懂法律、拥护党的领导、维护民族团结、具有国防意识的人。模范遵守国家的政策法规,要求每个教师身体力行,要对得起国家、社会和人民对教师的信任、不能辜负学生及家长对教师的殷切期望。在市场经济条件下,要摆正人、财、物的关系,"君子爱财,取之有道",要廉洁从教。要用自身的行为培养和造就出德、智、体、美、劳全面发展,能够面向现代化、面向世界、面向未来的建设者和接班人。

在大力提倡"科教兴国"的二十一世纪,教师还要向广大青少年学生宣传和普及科学知识,要与封建迷信、歪门邪道、反科学反社会的东西划清界限。这些大是大非的问题要给学生讲清楚,提高学生对是与非、良与莠、对与错的辨别和判断能力,使这些思想和意识在日常教学的不断渗透中,逐渐被学生所认识和了解,并转化为学生的行为准则,发挥其应有的作用,为以后的发展和成才指定方向,奠定基础。

教师作为人类文明的传播者,要站在时代的高度。树立教书育

人的责任感和敬业精神,热爱学生,献身教育,青少年学生正处在长身体、学知识的人生阶段,无论从生理还是心理上都是不成熟的,具有极大的可塑性。他们既有茁壮成长的生机和力量,又有娇嫩脆弱的弱小和无助。教师必须充当他们的保护者和领路人,不容许任何人伤害学生身心。作为教师自己,更是坚决不能知法犯法,采用体罚、歧视、殴打、凌辱等违背国家教育政策法规的手段对待学生,要教育引导学生利用国家的有关政策法规来保护自己,还要带领学生同各种违法现象,特别是危害青少年成长的种种不法行为作斗争。

另外,作为以育人为神圣使命的教师,在给学生传授科学、系统、规范、现代的知识之余,还要努力培养学生的良知,让学生有爱心,有宽容之心。努力培养学生的自我生存能力、自我救助能力、处理人际关系的能力,要教导学生怎样爱祖国、爱人民、爱科学、爱劳动,怎样遵纪守法,怎样热爱生命等等。

2.尊重关爱,民主平等。

尊重学生是一种常识,教师要尊重学生的人格,这是我国教育法和教师法中严格规定的。教育要以学生为本,学生需要的、学生认可的、学生接受的东西,往往也就是教学评估的一个标准。教师要关心爱护学生,不准侮辱学生,讽刺学生,体罚学生,侵害学生的正当权益,更不能做出有悖伦理道德伤害学生的事情。

当今社会要求平等,平等对待每一个学生是现代人推崇的教育方法。在传授知识方面,教师教,学生学,是不平等的状态;而站在互动的角度上看,它又是平等的。教师给学生"传道、授业、解惑",学生对教师的教学水准和业务能力加以认可和肯定,使教师得到一种自我实现和自我满足。因此,"教"与"学"在师生关系中是互动平等的,二者缺一不可。

古人所讲的"师道尊严",在现代社会已经不大适用。教师在文化知识方面是学生的老师,也可能学生在科技发明或游戏表演方面就是教师的老师。所以教师要与学生"亦师亦友",在不同的时刻扮演不同的角色,既要做"好老师",也要做"学生的好朋友",互相帮助支持,互相关心爱护,去交流,去沟通。

教师在教学中不仅要关注自身的"教",更要重视学生的"学",因为"教"是为"学"服务的。教师教学是要让知识被学生接受消化,使学生能"知其然,亦知其所以然",教学必须与学生的认知、理解能力相接轨。面对现代科学的多种教学方法,面对新形式新要求的教育理念,面对更智慧更多变的教育对象,教师要与时俱进,在工作中不断钻研业务,在教学中不断提升能力。在此意义上说,能够"教学相长"的良师益友型就是非常重要和必要的一种师生关系。

【礼仪小贴士】

罗森塔尔效应

"罗森塔尔效应"亦称"皮格马利翁效应",即"期待效应"。是由美国著名心理学家罗森塔尔和雅各布森在小学教学上予以验证提出的。

罗森塔尔和他的助手曾经到一所学校去,对学生进行"发展预测"。他随意选择抽取了一些学生名单,向学校和教师递交,煞有介事地告诉校方和教师,名单上的学生都很有发展前途,并要求校方和教师保密。教师此后在教育教学活动中,对名单上的学生给予了较多的关注和期望。八个月后,当罗森塔尔再次测查时,发现名单上的学生成绩果然有了显著的进步,而其余学生则收效一般或甚微。这就是"罗森塔尔效应",正是教师的关爱和期望,极大地增强了学生的学习兴趣,成为促进学生进步的直接力量。

3.了解学生,因材施教

目前,传统教育中的许多弊端已被人们所共识,素质教育的改革正在不断地调整和深化中。面对不同年龄、不同层次的教育对

象,教师更要强调教育方式方法的不同。教学中已不能用统一的标准去裁定学生的答案,要鼓励学生对于特定事情和具体问题,敢于并且能够表明自己的立场,清楚阐述自己的客观理由。

"知之深,则爱之切。"苏霍姆林斯基指出:"教师不仅要成为一个教导者,而且要成为学生的朋友。"①教师只有了解学生,才能发现他们的闪光点和可爱之处,才能加强对他们的关心和爱护。现在的青少年学生正处于社会转型时期,父母离异或企业下岗给学生带来极大的伤害,再加上大众媒体普及传播的不良影响,使孩子们心灵的发展极易扭曲。这就要求教师不仅要了解学生的知识水平、行为表现、觉悟程度,而且还要了解其家庭情况、生活习惯、健康状况、性格特征、兴趣爱好、接受能力等方面。

学生是学习的主体,教师要充分尊重学生的个性。在教育教学活动中,教师要注意学生的个性特征,及时发现,积极培养,进行因材施教,因势利导。要努力倡导和发展学生的特长、优势、志趣、爱好和独立性,为学生的个性发展提供尽可能多的条件,有针对性地培养其表现力和创造力,使每一个学生都能有属于自己的一片天空。对于学生的个性差异,教师坚决不能取笑、讽刺、挖苦、打击,要让每个学生的自尊心得到足够的肯定和重视,正如苏霍姆林斯基所说:"不能挫伤他们心灵中最敏感的一个角落——人的自尊心。"②

---

① 引自沈自强主编:《教师修养简明教程》,第 176 页。

② 苏霍姆林斯基:《要相信孩子》,天津人民出版社 1981 年版,第 7 页。

【礼仪小摘录】

你的教鞭下有瓦特，你的冷眼里有牛顿，你的讥笑中有爱迪生。你别忙着把他们赶跑。你可不要等到坐火轮、点电灯、学微积分，才认识他们是你当年的小学生。

————中国现代教育家陶行知

4.以身作则，率先垂范。

孔子曾曰："己欲立而立人，己欲达而达人。"《韩诗外传》卷五曰："智如泉涌，行可以为表仪，人师也。"周恩来也曾经说过："坐着说不如起来行。"这些话都强调了以身作则的重要性。教师要求学生做到的事情，自身首先必须做到，要在各方面为人师表，率先垂范。要将"言教"与"身教"紧密结合，言为训，身为则。"言教"就是通过教育者的语言表达，即以课堂传授或其他方式的口头讲述来教育学生；"身教"就是通过教育者的实际行动，向学生证明其"言教"的正确性和可行性。对于广大青少年学生来说，"身教"的作用往往大于"言教"，如果教师言行不一，必然抵消了"言教"的效果，"言教"也就失去了意义。

对于学生而言，他们最关注的人物、最易模仿的对象就是教师。因此，夸美纽斯曾经呼吁："教师的急务就是用自己的榜样来诱导学生。"实践证明，教师良好的形象和榜样，是鼓舞学生积极向上的旗帜和方向。它能点燃学生理想的火种，会给予学生前进的动力、信心和力量。古往今来，在许多有成就、有作为的人物的成长过程中，我们都可以找到他们学生时代所受教师的感染和影响。毛泽东同志对他的老师徐特立先生的尊重，鲁迅先生对他的老师藤野先生的怀念等，都是典型的实例。

【实验测评】

在美国,有人做了一个有趣的实验。把儿童分成四组,每组配一个实验员。等实验员与儿童建立了良好关系并得到儿童的信任(取得教师地位)之后,主试者分别要求四组儿童为孤儿院幼儿募集捐款。

第一组实验员向儿童宣传慷慨捐款救济孤儿的意义,同时自己捐款;

第二组实验员宣传不是救济孤儿,而是把钱留给自己的好处,同时自己表现出极度贪婪,不予捐款;

第三组实验员宣传慷慨、仁慈,自己却很贪婪,拒不捐款;

第四组实验员宣传贪婪,劝说儿童不要捐款,自己却慷慨解囊。

实验结果是:

第一组儿童全部捐了款;

第二组没有一个捐款;

第三组尽管实验员把救济孤儿的意义讲得头头是道,并赢得了儿童的好感,但绝大多数儿童并没有按实验员所说的去做,而是像实验员一样不予捐款;

第四组儿童则正好相反,大多数儿童捐了款。

这个实验结果令人深思,事实胜于雄辩,它提醒人们:面对学生善于模仿的特点,教师究竟给学生树立一个什么样的榜样,就成为至关重要的问题。

【实验调查】

我在最近的调查中发现,学生喜欢的教师应具备以下几个条件:

1、教师不一定要衣冠楚楚、潇洒超群,但要博学多识、坦白开朗,不装腔作势、盛气凌人。

2、教师不一定口若悬河、谈笑风生,但要推心置腹、循循善诱,不装模作样、借以吓人。

3、教师不一定学富五车、才高八斗,但要自成一体,条理清晰,不东拉西扯、炫耀学问。

4、教师不一定没有脾气、息事宁人,但要言之有理、爱之以诚,不借故整人、发泄私愤。

5、教师要把教书育人铭记在心,体现在教学工作和日常生活各个方面,视学生为同志、为朋友、为知音、为亲人。

6、教师有了失误,要勇于承认。①

【礼仪知识窗】

教师对学生的称呼

称呼是师生交往的起点,反映教师的思想、道德和修养,同时也影响到教师形象的树立。在教育教学活动中,礼貌得体的称呼语可以激发和控制学生的情绪,沟通师生感情,融洽师生关系,进而增强教育教学效果。

1、要真诚地叫响学生的名字。

叫出别人的名字也是一门学问。教师用清晰、正确的发音真诚地呼唤学生的名字,意味着对学生所持有的一种必要的尊重。

2、不要叫学生的昵称或绰号。

教师对学生的昵称虽然有助于人际关系的深化,但在课堂这

---

① 刘杰:《学生喜欢这样的老师》,载于《人民教育》,1999 年第 1 期,第 31 页。

一特殊场合会产生反向作用。太过亲昵，会造成学生的优越感，削弱其遵守纪律的自觉性，也会使其他学生产生厚此薄彼之感。在公共场合，教师绝对不能叫学生的绰号，这样很容易伤害学生的自尊心，也会影响教师形象，降低教师威信。

3、忘记学生姓名时的补救方法。

在师生交往中忘记或叫错学生的名字是常有的事，这很容易引起学生的不高兴，觉得老师对自己不够重视，从而影响师生交往的正常进行。为了避免尴尬的场面，当教师记不准学生的姓名时，宁可回避也不要叫错。可以采取位置称谓法，如："请靠窗的这位男同学回答问题好吗？"或者着装称谓法，如："请这位穿红色上衣的女同学上台来。"

第二节 教师与家长沟通礼仪

家庭是青少年学生受教育的第一所学校，家长则是他们的第一任教师。家庭教育的好坏，不但直接关系到青少年学生的健康成长，而且也关系到学校教育目标和任务的顺利完成。因此，教师在教育教学工作中，时常要与家长进行沟通，使学校与家庭共同协作，密切配合。然而在具体实施过程中，各个学生家长所受教育的程度不同，从事的职业不同，各自个性、情趣和生活习惯多种多样，文化素养、道德水准也参差不齐。这就要求教师在与家长沟通交流时，必须首先取得家长的尊敬和信任，然后才能得到其支持和配合。所以，教师的言行举止既要反映教师个人的修养，同时也要代表学校的形象，要严格遵守师德原则和礼仪规范。

一、教师与家长关系的特点

学生是尚未独立生活的群体，既需要家长的抚育，也需要教师的培养，这就必然形成了以学生为媒介的教师和家长的特殊关系。

1.教师与家长之间关系的必要性。

教师与学生家长的关系是通过学生建立起来的。教师与学生家长在社会上各处于不同的角色地位，各自承担着不同的社会责任。在学生进入学校之前，教师与多数学生家长是陌生没有交往的。伴随着学生进入学校开始学习，教师与家长之间的联系也就开始了，在不断的沟通和交往中双方会互相了解，加深印象。而这种联系，是教师与学生家长都无法选择和避免的。作为教师，要认识到与学生家长合作是教师本职工作的一部分，是教师职业的必然要求。要真诚地与学生家长沟通意见，协调教育内容、要求和方法，相互信任，共同配合，使每一个孩子都能茁壮健康地成长。否则，就会出现南辕北辙的偏差，产生教育的分离效应。

2.教师与学生家长关系的共通性。

教师与学生家长之间有许多共同的心理因素，比如教育目标的认同性，热爱孩子的情感性，教育方式的沟通性等等。也就是从根本上说，双方的行为具有目的的共同性和一致性。但是因为教师与学生家长毕竟处于不同的社会、文化背景中，个人思考问题的方式往往有一定的差异。在共同协作教育学生的过程中，可能会发生不解和误会，难以取得良好的合作关系。这就要求教师首先认识到，教师与学生家长彼此之间没有本质上的矛盾和冲突。只要教师谦虚、谨慎、主动、热情，始终恪守"为了孩子"这一根本宗旨，就能保证教师与学生家长的交往与合作健康发展，双方的教育内容和方法统一协调，对学生起到事半功倍的教育效果。

3.教师与学生家长关系的平等性。

目前，多数家长"望子成龙"心切，对教师寄予了莫大的期望，对

教师的话语言听必从，一心盼望着在教师的教育下，自己的孩子能有一个更光明的前途。对此，教师更要认识到自己肩负的责任与使命之重，更要时刻保持清醒的头脑，明白教师与学生家长的平等性。不论学生学习成绩优劣，家长社会地位高低，教师都要对所有学生及家长一视同仁，尊重、热情。要经常提醒自己除了教育教学工作上的职责之外，教师对于各位学生家长，没有任何其他的特殊权力。

二、教师与家长沟通礼仪

1.家长会礼仪。

家长会，是学校、教师与家长沟通的最主要、最直接的方式，也是家长了解孩子在学校各方面表现的重要渠道。家长会作为一个窗口，可以使学校、家庭、社会相互交流、协调，使学生、教师与家长走得更近，使学校教育与家庭教育有机结合起来，最终共同携手，促进学生的身心健康发展。教师作为家长会的主体，应体现出高尚的礼仪修养、儒雅的举止风范，真正赢得家长与学生的欢迎和拥戴。

（1）提前书面通知家长。

家长会的时间应选择多数家长有空闲的时间，如周六、周日等，地点尽可能选择在学校内，孩子们日常学习或生活的地方，如教室、活动室等。而且要提前请学生传达书面通知，在通知上注明开会的具体时间、地点，并对每一位家长作出真诚邀请，坚决不能出现"叫你家长明天来学校"等"师霸"作风。

（2）努力创设和谐氛围，注重情感作用。

为使家长会真正发挥其交流、沟通的作用，让家长感觉既隆重又亲切，自然而然地对校方产生一种心心相印的感情，教师在会前要做好充分的准备，会场尽量选择宽敞整洁的教室或活动室，使每一位家长都可轻松入座；环境要布置得温馨大方，张贴好热情洋溢的欢迎标语；周围可准备为家长展示或翻阅的班级资料、每个学生的点滴进步记录、家长留言簿等等。教师会前还要精心准备发言材料,提及到每一个学生和家长,既要有全面,也要有个别;既要有共性,也要有个性。让每一位家长都能感觉到,自己的孩子在这个和谐的班集体中,是受到足够重视,能够和所有的孩子一样平等学习,而不是被孤立、冷淡或轻视的。如果家长会有学生一起参加,就应该让家长和自己的孩子坐在一起,并在座谈过程中,可适当安排一些趣味性的亲子活动,以便放松心情,愉悦气氛。

(3)与家长平等交流,友好协商。

教师应明确家长与教师之间,是一种平等的教育伙伴的关系,要尊重每一个学生及其家长。在家长面前,要亲切自然,温文尔雅,不能以一种居高临下的态度对家长讲话,指责或影射家长的不是,甚至训话。例如:"你的孩子真笨,考试总是不及格"、"你的孩子真顽皮,班里的同学都不喜欢他"等等挫伤学生家长自尊的话语,常常会引起双方冲突。只要待以礼,讲以理,谦虚谨慎,平和真诚,相信任何一位家长都会愿意为了孩子,与教师携手配合的。

(4)多表扬,少批评。

教师在向家长介绍学生情况时,要坚持一分为二,不能过早下结论或结论过于武断。每个孩子都是家长的希望,每位家长都会为听到孩子的点滴进步而高兴。因此,教师要能发现每个学生身上的闪光点,家长会上,传达出更多的鼓励和赞扬,批评的话语尽量委婉。对优等生要指出其短处和不足,对后进生要指出其长处和优点。对于个别违纪的学生应于会后单独和家长见面,交流学生情况,商榷帮教措施,避免当众点名,给家长难堪,造成尴尬局面。

(5)多给家长发言的机会,重视会后反馈。

教师的以诚相待,会赢得家长们的尊重,从而使家长会上的交流"知无不言,言无不尽"。在会后,教师对家长们反馈的信息和提出的改进意见要及时分析、认真采纳,急家长之所急,想家长之所

想。要以坦诚、实在的态度将有关信息和意见的处理结果,尽可能反馈给家长。对家长合理化的建议,教师应加以完善和改正。这样就会使家长感受到自己的作用,从而增强对学校、教师的信任,取得家长的支持和配合,使家长会不只是装装样子,流于形式,而是真正成为沟通学校教育和家庭教育的桥梁。

【温馨提示】

成功交谈技巧

一忌居高临下　　　　二忌自我炫耀

三忌口若悬河　　　　四忌心不在焉

五忌随意插嘴　　　　六忌节外生枝

七忌搔首弄姿　　　　八忌挖苦嘲讽

九忌言不由衷　　　　十忌故弄玄虚

十一忌冷暖不均　　　十二忌短话长谈

图十二:教师与家长交谈

2.家访礼仪。

家访是教师做好教育教学工作的一条重要途径，是"以家为本"家校合作模式的一种常规性活动。它既可以使教师体察学生的成长环境，以便因材施教，又可以增进师生之间的理解和信任，并争取家长对教育工作的支持与配合。在家访过程中的礼仪规范，对于教师而言至关重要，它直接关系到家访任务的成与败。

（1）明确目的，充分准备。

教师要提前对被家访的学生做全面的了解，要明确本次家访的主要目的，提前要做好充分的准备工作。谈什么，怎样谈，如何针对心态层次不同的家长进行交谈，最后期望取得一个什么样的家访效果等等。切不可在家访过程中出现语无伦次，条理不清，手足无措，或者敷衍了事，这样会使家长产生家访活动只是形式而已的想法，认为教师对自己的孩子关心太少，对教师产生负面看法，甚至抵触情绪，致使家访很难达成共识。

（2）尊重学生，客观评价。

教师要关心尊重每一位家访的学生，与家长交谈时要谨慎有分寸，有回旋余地。要将孩子在学校的表现做客观准确的评价，从德、智、体等方面全面描述，既要肯定优点，也要提出不足。特别是对那些有多种缺点且学习成绩较差的孩子，教师不能把家访当作告状的机会，要从真诚的爱心出发，挖掘表扬他们在学校点滴的进步，从而打开家访的局面。尽量不要谈及别的学生，不要随意与别的学生进行比较，说长道短。

（3）注意倾听，平和亲切。

教育是双向的，家访谈话同样也是双向性的沟通。教师对学生所存在的问题要多启发鼓励，切忌武断妄下结论。家访中要注意认真倾听家长的叙述，详细了解学生在家庭中的思想动态和行为表现。对家长提出的一些对学生教育有利、并且可以实施的方案和建

议,要耐心倾听,做出仔细记录,并诚恳地表示感谢,平和亲切地及时发表自己意见,使双方在和谐、友善的气氛中沟通交流。

(4)装扮举止,注意修养。

家访过程中,家长能从教师的外在形象和一言一行中洞察到教师的内在品位和师德修养。因此教师在进行家访时,要特别注意自身的服饰装扮、仪态举止。选择适当的时间,并提前告知家长,取得家长同意后方可进行家访,切不可贸然登门。一般不应在饭时上门,不应在学生家中用餐。家访内容结束后,应即刻起身告辞,不应久留,不要随意接受家长馈赠的任何礼品,更不能借故向学生家长提出任何物质或其他方面的条件和要求。

(5)做好记录,认真总结。

教师在每次家访结束后,应该认真填写家访报告或做好家访记录。对家长们提出的合理化意见和建议,要及时反馈给学校。在校方采纳之后,要努力实施和完善。教师及时将活动时间、地点和方案通知家长,使家长们所期望的对于孩子成长有利的各种活动早日开展,使家访活动真正落到实处,家校合作更加紧密。

另外,教师还可以通过面谈、电话、书信等多种方式与家长保持经常性的联系和沟通,通过参观校园环境、现场观摩授课、文艺形式的汇报会、中小型的专题座谈会等多种形式,充分调动家长参与教育、教学的积极性,使家庭教育和学校教育能够默契配合,让家庭教育成为学校教育的得力助手和有益补充,双方共同促进学生的身心健康发展。

【礼仪知识窗】

沟通24计

1.妥善安排会面的约定	13.委婉地透露坏消息
2.沟通时应避免干扰	14.保留沟通对方的面子
3.资料须充实完备	15.拒绝在不适当的场所进行沟通
4.做个周到的主人	16.向对方表示善意与欢迎
5.清楚地说出自己的想法与决定	17.遵守礼仪
6.找出问题症结	18.缓和紧张的气氛
7.适时提出建议	19.询问对方的意见
8.要有解决问题的诚意	20.听不懂对方所说的话时,务必请他重复
9.不要仓促地做决定	21.随时确认重要的细节
10.不要催促对方下决定	22.不浪费沟通对方的时间
11.充满信心地进行沟通	23.以肯定的语气谈论对方的问题
12.强调沟通双方相同的处境	24.避免马拉松式沟通

【礼仪格言】

只有学校教育而无家庭教育,或只有家庭教育,都不能完成培养人才这一极其细致、复杂的任务。最完备的教育是学校与家庭的结合。

——前苏联教育家苏霍姆林斯基

附:"家庭学校合作"问卷示例

问卷1:"教师对家校合作活动的态度"调查问卷

	作为教师我 认为我有……		作为教师 我……	
	必要	没必要	总是	从不
1、认真倾听家长所说的话。	□	□	□	□
2、鼓励家长前来拜访。	□	□	□	□
3、给家长向我班级贡献力量的机会。	□	□	□	□
4、书面通知家长参与课堂活动。	□	□	□	□
5、给家长寄送《家庭通讯》。	□	□	□	□
6、在秋季开学前与家长联系。	□	□	□	□
7、在家长会上留一半的时间给家长。	□	□	□	□
8、在学生表现出色时与家长联系。	□	□	□	□
9、考虑到各位家长之间的差异。	□	□	□	□
10、倾听家长为他们孩子设计的目标。	□	□	□	□
11、了解学生的兴趣和特长。	□	□	□	□
12、定期进行家访活动。	□	□	□	□
13、给家长看学生的作业。	□	□	□	□
14、登记为我班服务的家长志愿者。	□	□	□	□
15、鼓励父母双方都参加家长会议。	□	□	□	□
16、使家长进校参观时感到温馨轻松。	□	□	□	□
17、对家长坦率真诚。	□	□	□	□
18、让学生带便条给家长。	□	□	□	□
19、在开家长会时让学生和家长在一起。	□	□	□	□
20、如果家长离异,坚持向双方通报学生的情况。				
	□	□	□	□

21、把家长看做教育过程中的合作伙伴。

☐　　　☐　　　☐　　　☐

问卷2:"教师对与家长合作的态度"调查问卷

作为教师,我……　　　　　　　　　　是　　否

1、感到家长带来的麻烦多于帮助。　　　☐　　☐

2、在家长走进我的教室时感到紧张。　　☐　　☐

3、对来自同一家庭的兄妹进行比较。　　☐　　☐

4、觉得受到了家长的威胁。　　　　　　☐　　☐

5、把家长看作是重要的教育力量。　　　☐　　☐

6、认为差生是因得不到家长的关爱。　　☐　　☐

7、喜欢在课堂上与校外人士合作。　　　☐　　☐

8、对某些群体的人抱有成见。　　　　　☐　　☐

9、认为家长太溺爱孩子了。　　　　　　☐　　☐

10、与家长保持一定的距离会工作得更好。☐　　☐

11、认为与家长密切合作有利于学生的健康发展。☐　　☐

12、每次都期盼着家长会议的召开。　　　☐　　☐

13、当所有的家长离开后,会觉得很轻松。☐　　☐

14、积极吸取和采纳家长提出的意见和建议。☐　　☐

15、喜欢和家长合作。　　　　　　　　　☐　　☐

问卷3、"家长需求"调查问卷

姓名:＿＿＿＿＿＿　家庭住址:＿＿＿＿＿＿＿＿＿　邮编:

＿＿＿＿＿＿＿

联系电话:＿＿＿＿＿＿＿　孩子姓名:＿＿＿＿＿　填表日

期:＿＿＿＿＿＿

说明:下列问题有几个备选项,但您只能选其中的一个。请在您认为合适的选项后面的方框中画"√"。

1.作为家长,您感觉困难的是:

	特别困难	有些困难	没问题
(1)让孩子听话	☐	☐	☐
(2)给孩子合理的营养	☐	☐	☐
(3)抽空和孩子一起玩乐	☐	☐	☐
(4)对孩子有耐心	☐	☐	☐
(5)理解孩子	☐	☐	☐
(6)了解孩子的成长需求	☐	☐	☐
(7)其他(请注明)	☐	☐	☐

2.为当好家长,您想学习:

	非常重要	有些重要	不重要
(1)青少年儿童成长发育的心理知识	☐	☐	☐
(2)营养方面的知识	☐	☐	☐
(3)如何培养孩子良好的行为习惯	☐	☐	☐
(4)如何促进孩子的自我发展	☐	☐	☐
(5)如何培养孩子的自救能力	☐	☐	☐
(6)如何营造良好的家庭氛围	☐	☐	☐
(7)与残疾儿童一起学习的技能	☐	☐	☐
(8)其他(请注明)	☐	☐	☐

3.您希望家校合作能使您的孩子:

	非常重要	有些重要	不重要
(1)学会与别的孩子相处	☐	☐	☐

(2)建立自信心 ☐ ☐ ☐

(3)得到定期体检 ☐ ☐ ☐

(4)提高学习成绩 ☐ ☐ ☐

(5)形成良好的行为习惯 ☐ ☐ ☐

(6)其他(请注明) ☐ ☐ ☐

4.您参加家长会议和培训最方便的时间是:

	上午	下午	晚上
(1)星期一	☐	☐	☐
(2)星期二	☐	☐	☐
(3)星期三	☐	☐	☐
(4)星期四	☐	☐	☐
(5)星期五	☐	☐	☐
(6)星期六	☐	☐	☐
(7)星期日	☐	☐	☐

5.作为一名志愿人员,您何时到校服务最方便:

	上午	下午	晚上
(1)星期一	☐	☐	☐
(2)星期二	☐	☐	☐
(3)星期三	☐	☐	☐
(4)星期四	☐	☐	☐
(5)星期五	☐	☐	☐
(6)星期六	☐	☐	☐
(7)星期日	☐	☐	☐

说明:下列问题有几个备选项,您可以单选或多选,并在选项后面的方框中画"√"。

6.您希望家校合作能使您:

(1)更好地认识和理解孩子。 ☐

（2）了解学校给您和您家庭提供的各种服务。☐

（3）耐心与孩子相处。☐

（4）了解孩子在校所学内容并学会在家进行辅导。☐

（5）认识老师和其他家长。☐

（6）其他（请注明）☐

7.作为家长,您所感兴趣的参与活动是:

（1）课堂辅导☐

（2）作为决策委员会成员☐

（3）与您的孩子和老师合作☐

（4）成为家校联络人☐

（5）帮助学校开发食物资源☐

（6）作为校外辅导员☐

（6）其他（请注明）☐

8.您的兴趣和特长是:

（1）与孩子们一起活动☐

（2）烹饪☐

（3）打字☐

（4）绘画☐

（5）为学校集资☐

（6）为孩子们筹办特别晚会☐

（7）策划家长活动☐

（8）音乐——唱歌、弹钢琴、舞蹈等☐

（9）其他（请注明）☐

问卷4:"家长对家校合作活动的评价"调查问卷

说明:下列问题有几个备选项,但您只能选其中的一个。请在您认为合适的选项后面的方框中画"√"。

1.自从您的家庭参与家校合作活动,您的孩子

（1）进步很大 □

（2）进步不大 □

（3）没有进步 □

2.对家校合作活动

（1）您的孩子非常喜欢 □

（2）您的孩子参与是因为您这样要求他(她) □

（3）您的孩子不喜欢 □

（4）您不知道孩子的态度 □

3.您认为家校合作活动

（1）强调太多的纪律 □

（2）纪律要求适当 □

（3）纪律要求不够 □

4.您的孩子是否受到你们足够的关注?

是□否□

5.您是否非常了解您的孩子的进步情况?

是□否□

6.您是否觉得能轻松地与教师谈论您的孩子?

是□否□

7.您希望有更多的机会为您的孩子设计学习计划和活动吗?

是□否□

8.自从您家庭参与家校合作活动以来,您发现您孩子的独立性

（1）增强 □

（2）减弱 □

（3）没有变化 □

9.自从您家庭参与家校合作活动以来,您发现您孩子的好奇心

（1）增强 □

（2）减弱 □

(3)没有变化　　　　　　　　　　　　　　□

10.自从您家庭参与家校合作活动以来,您发现您孩子与人相处的能力

(1)增强　　　　　　　　　　　　　　　　□

(2)减弱　　　　　　　　　　　　　　　　□

(3)没有变化　　　　　　　　　　　　　　□

11.自从您家庭参与家校合作活动以来,您发现您孩子的口语表达能力

(1)增强　　　　　　　　　　　　　　　　□

(2)减弱　　　　　　　　　　　　　　　　□

(3)没有变化　　　　　　　　　　　　　　□

12.自从您家庭参与家校合作活动以来,您发现您的孩子

(1)比以前听话　　　　　　　　　　　　　□

(2)没有以前听话　　　　　　　　　　　　□

(3)没有变化　　　　　　　　　　　　　　□

13.自从您家庭参与家校合作活动以来,您发现您孩子的行为举止

(1)比以前好　　　　　　　　　　　　　　□

(2)比以前坏　　　　　　　　　　　　　　□

(3)没有变化　　　　　　　　　　　　　　□

14.因为家校合作活动,您对孩子成长的了解

(1)较多　　　　　　　　　　　　　　　　□

(2)非常多　　　　　　　　　　　　　　　□

(3)没有变化　　　　　　　　　　　　　　□

15.家校合作活动使您更多地了解您所能利用的社区服务机构。

是□否□

16.您认为您孩子是否会因家校合作活动在学校表现更好？

是□ 否□

17.您希望您的孩子能从家校合作活动中学到什么？

(1)_____

(2)_____

(3)_____

18.您认为家校合作活动项目如何更好地为您的孩子服务？

(1)_____

(2)_____

(3)_____

问卷 5："对家长活动的结果评估"调查问卷

1.您对家长活动的参与程度

(1)参加了大多数家长活动 □

(2)至少参加一次会议 □

(3)没办法参加 □

2.您对家长活动的看法是

(1)觉得很有趣 □

(2)还行 □

(3)认为很枯燥 □

(4)参加不多,没有看法 □

3.家长活动使您对家校合作活动了解

(1)很多 □

(2)一点 □

(3)没有 □

4.您能毫无拘束地与其他家长讨论你们关心和感兴趣的问题吗?

是□ 否□

5.您能在家长活动中讨论您孩子的进步吗？
是□否□

第三节　教师与同事共处礼仪

教师共同的神圣职责是为建设有中国特色的社会主义祖国培养人才，为了实现这一总目标，教师与各个同事之间应该互相尊重，互相学习，互相帮助。与同事相处得如何，直接关系到教师自身的工作、事业的进步与发展。如果同事之间关系融洽、和谐，大家就会感到心情愉快，有利于工作的顺利进行，从而促进事业的发展。教师之间互相尊重、互相帮助的品格，取长补短、交流经验的作风，以诚相见、与人为善的态度和虚怀若谷、见贤思齐的精神，也正是对青少年学生无言的教育。反之，同事关系冷漠、孤立，"各人自扫门前雪"，甚至紧张、对立，相互拆台，经常发生摩擦，就会破坏教育工作的统一性，学生也会因为教师的要求不一致而感到无所适从，影响正常的学生和生活，阻碍教育事业的顺利发展。因此，尊重同事，彼此之间形成良好的人际关系，从教师的职业要求来讲，具有极其深远的重要意义。

一、教师之间的同事关系

教师之间的同事关系有广义和狭义之分，广义的教师同事关系包括学校党政领导、教师、职员、教辅人员等；狭义的教师同事关系指一所学校中专门从事德、智、体教育和教学工作的任课教师。这里主要是讲狭义的教师同事关系。它主要包括同一学科教师之间、班主任和任课教师之间、新老教师之间、优秀教师和一般教师之间的关系等等。

1.同一学科教师之间的同事关系。

同一学科的教师所组成的教研组或教研室，是学校中的基层教学组织。同一学科的教师中，每个教师可能毕业于不同的院校，教龄有长有短，教学方法各异。同事们之间所带年级、班级不同，学生们的学习成绩和教学效果也会有所差别。这就要求同一学科的教师之间，更要互相交流探讨教学经验，共同取得教学成绩，使所有的学生都能提到进步和提高。

2.不同学科教师之间的同事关系。

教学计划规定的各门学科，都是培养德、智、体、美、劳全面发展的学生所必需的。各门学科都有自己的科学体系和内容结构，也都有自己的教学方法和教学规律。不同学科教师之间要加强联系，增进了解，尤其是主科与副科之间、文科与理科之间的教师更应如此。校方可以采取一些不同学科教师互相听课、不同教研组交流教学经验、讨论教学改革的方式，促进不同学科教师之间的内在联系和交往。

3.班主任和任课教师之间的同事关系。

班主任既是普通教师，又是一个学生集体教育教学工作的组织者和领导者，是一个班级教育的主体部分。班主任要善于团结其他任课教师一道工作，注意发挥其他教师的协同作用。要经常向任课教师了解学生的思想、学习情况，听取他们对班级管理和建设的意见和建议，还要维护任课教师在学生中的威信，与任课教师互相协作，主动配合，二者之间形成功能互补的关系，共同制定和执行班级的教育目标与教学任务。

4.新老教师之间的同事关系。

学校中新老教师有不同的心理和行为特点。一般来说，老教师教龄长，桃李满天下，有强烈的职业自豪感，工作责任心强，教学经验丰富，但也容易固执己见，接受新事物不够积极；青年教师精力充沛，思想敏锐，知识较新，富于朝气和创新精神，但思想感情不够

稳定,处理问题时有欠周全。所以,新老教师要互相关心,互相尊重,老教师应该学习青年教师的长处,促进自己知识的更新,不断进行教学改革;青年教师除了发挥自己的优势外,还要向老年教师请教,吸取他们丰富的教学经验,避免走弯路。

5.优秀教师与一般教师之间的同事关系。

优秀教师指在教育教学方面取得突出成绩、赢得校方、师生共同好评的教师。处理好优秀教师与一般教师之间的同事关系,在学校的稳定和发展中,是非常重要的。一方面优秀教师要谦虚谨慎,不能居功自傲,无视一般教师的成绩和意见;另一方面一般教师应努力学习优秀教师的成功经验,不能嫉妒、讽刺、挖苦。只有用优秀教师的思想和行为激励着其他教师去努力拼搏,先进带动后进,才能使整个教师队伍共同进步,开拓前进。

二、教师之间的同事共处礼仪

能够做到"胸怀坦荡,有礼有节",是教师与同事共处礼仪的基本原则。具体说来,应注意以下几点:

1.尊重为先,亲密有度。

礼仪的核心就是尊重。相互尊重是处理好任何一种人际关系的基础,作为教师的同事关系更需要尊重,不能自视清高,互相排斥,要克服"文人相轻"的旧习。要充分肯定每个教师存在的价值和意义,才能促进教师之间的互相配合、团结协作。"敬人者,人恒敬之。"尊重是相互的,但是从我们每个人来讲,必先主动施与,才能有所回报。比如礼节性的问候、虚心听取别人对工作的意见等等,取人之长补己之短;借用同事东西或钱物,要及时归还,并致谢;在办公室里,提倡交往有度,不冷淡,也不过分热情;虽熟也应相互有礼节,保持一定的距离,做到"相敬如宾";要充分尊重别人的隐私,除非他人主动提及私人事宜,否则一定要把握尺度,不问不该问的问题。

2.遵守公德,将心比心。

同事在一起办公多年熟不拘礼,仍要遵守公德。经常保持办公室整洁卫生,不在办公室大声喧哗,尽量不翻动同事桌上的东西,不经允许不私开别人的抽屉。单位临时有事,应及时通知未知者,可以代办的应尽力去做。办公室的电话,尽量少谈私事,不要用学校电话闲聊,接听电话时,如遇被找者不在,之后应及时转告对方。

3.分享快乐,分担忧愁。

每个人的能力不同,收入不同,追求不同,家庭背景不同,生活经历不同,人人有本难念的经。教师与同事之间可以像朋友一样,取得一些成绩,得到一些快乐,大家在一起来分享;遇到个别难题,或心中的委屈和不快,也可以说给同事听。一方面能缓解工作上的心理压力,再者也能适当拉近同事之间的距离,得到心灵的交流。

4.批评有益,注意方法。

教师同事间开展批评与自我批评是必要的,诤友也是人生的财富。但是要注意方法,不要锋芒毕露。美国最有影响的演说人和最受欢迎的商业广播讲座撰稿人托尼·亚历山德拉博士与人力资源顾问、训导专家迈克尔·奥康纳博士在他们合作的《白金法则》中,向人们展示了一项最新的研究成果:"白金法则——别人希望你怎么对待他们,你就怎么对待他们。"平时,对于别人明显的失误,作为同事,可以善意地提醒,但绝对要避免当面指责。尤其是当领导和其他同事在场的时候,即使批评是善意的,也会引起对方的不满甚至嫉恨。

5.化解误会,求同存异。

由于不同的教师个体间,工作习惯、世界观、价值观存在差异,同事之间相处久了,难免会有分歧和误会。一个有教养的教师是不会在背后议论自己的同事的,"来说是非者,必是是非人"。不要总是抓住别人的失误不放,严于律己,宽以待人,要主动去化解矛盾。"度尽劫波兄弟在,相逢一笑泯恩仇",不要让不良的情绪影响了彼

此的心情和工作的效率,求同存异,一切以大局为重,各退一步,海阔天空,力求殊途同归,圆满完成工作任务。

6.互相帮助,和睦相处。

现代社会提倡团队精神,提倡集体主义,提倡彼此支持合作。俗语说得好:"三个臭皮匠,顶一个诸葛亮。"不同年龄、不同性别、不同经历的各个教师,教学风格、授课方法也会不大一样。特别是同一学科或同一专业的教师,同事间不能互相封锁信息,互相拆台,贬低别人。这样既不利于自己的发展,也不利于教师集体素质的提高。教师与同事间要互相学习,取长补短,兼容并茂,博采众长,和睦共处,通力合作,携手并肩创造出更多、更优异的成绩。

7.择善而从,多赞美,少嫉妒。

"三人行,必有我师",要善于向同事学习。不以自己的喜恶标准评价同事。"择其善者而从之,其不善者而改之",多从别人身上寻找优点,汲取经验;对于别人的缺点多宽容、理解。同事取得成绩,要由衷地赞美祝贺而不是嫉妒排斥。记住同事的闪光之处,多寻找自己和同事之间共同的兴趣爱好,在互勉互励中共同提高。

8.热情开朗,做个"开心果"。

随着生活节奏的加快,人们的工作压力也越来越大。教师一方面要积极消除某些心理障碍,另一方面要保持乐观心态,要善于控制自己的情绪,正确面对困难和挫折。在单调乏味的工作过程中,过分矜持、孤僻、自闭的人是不会受到群体欢迎的,而幽默开朗的人通常会用诙谐有趣的语言为大家消除紧张和疲惫,创造轻松融洽的氛围。他们的生活态度会感染身边每一个人,使整个群体充满蓬勃向上的朝气,也更容易得到同事们的信任和好感。恩格斯也曾说:"幽默是具有智慧、教养和道德上优越感的表现。"所以,我们要努力做一个富有活力、积极乐观的人,做个教师集体中的"开心果"。

【礼仪小故事】

真诚地赞美他人

1921年,美国钢铁大王安德鲁·卡内基提升查理·夏布为"美国钢铁公司"第一任总裁,年薪100万美元(当时,年薪50万已经相当好了)。夏布是个不寻常的天才吗?他对钢铁比别人都懂得多吗?不是,最重要的原因是他能有效地管理组织人事。他说:"我想,我天生具有引发人们热忱的能力。促使人将自身能力发挥至极限的最好办法,就是赞赏和鼓励。""我从不批评他人,我相信奖励是使人工作的原动力。所以,我喜欢赞美而讨厌吹毛求疵。如果我喜欢什么,那就是:真诚、慷慨地赞美他人。"

【礼仪小贴示】

赞美源于人性,源于人的欲望和需求。美国人本主义心理学家马斯洛提出了著名的需要层次理论,即人的需要有生理需要、安全需要、社交需要、尊重需要以及自我实现的需要。前两者属于低级层次,偏重于物质的需求;后三者是高级层次,注重精神方面的需求。在马斯洛的需要层次中,始终贯穿着人本性中重要的方面:对赞美的渴求。

赞美别人是一种有效的感情投资,而且付出少,回报多,是一种非常符合经济原则的行为方式。教师对同事同行的赞美,能够联络感情,更愉快地合作。对学生的赞美,能够激发其信心,更具积极性和主动性,"教书育人"收到更理想的效果。

美国出身贫寒的第16任总统林肯,他以伟大的品格,坚强的意志和高超的处世哲学从木工、摆渡工、议员而成为美国总统。他后来总结说:"人人都需要赞美,你我也不例外。"

是的,"赠人玫瑰,手留余香",让我们都去真诚地赞美别人,都能拥有博大宽广的胸怀,获得真挚的友谊和良好的人际关系。

第四节　教师与上下级礼仪

作为现代教师,无论是面对上级各部门或本单位的领导,还是职称职务较自己略低的同行,在不断提高自身整体素养的同时,也要学习礼仪交往原则与策略,要会运用心理学的理论方法来开展工作,取得良好的人际关系。

一、下级对上级

在工作中,接受上级领导的检查和指导是每个教师都必须要面对的。中国的知识分子没有人愿意为"五斗米折腰",但是从一个团队来讲,必须要有一定的权威。教师在工作岗位上,按分工必须服从上级的领导,如果我们都是"天下第一的才子",都是"天子呼来不上船",那么,这艘船就永远也无法到达胜利的彼岸。因此,作为下级要尊重、服从、体谅、支持上级,处理好上下级关系。

1.尊重领导。

"尊重上级是一种天职",作为下级的教师在心里、眼里要有领导。这是对下级在处理上下级关系时所提出的基本要求。不论教师自己在日常生活里与上级关系如何,在工作岗位上都必须公事公办。尊重领导体现在对领导的意志要遵从,相处之时要讲究礼貌。不要在背后议论对方,或者是当面跟其乱开玩笑。尤其是工作之中,表现得跟领导"不分彼此"、当"哥们儿"是不合适的。

2.服从管理。

毛泽东同志在总结革命战争的经验时,有一个重要的结论,叫做"加强纪律性,革命无不胜。"在当今学校工作实践中,同样适用。教师在工作岗位上要服从上级的领导、指示和管理,这一点就是无可非议的。上级布置的教学计划、下达的教学任务、提出的工作目标和要求,作为下级的教师必须完成执行。

3.体谅领导。

上级有上级的难处,领导也是人,也会犯错误,要体谅领导。况且,领导的"错误",可能仅仅是你认为有"错误",而在大家看来,事实却并非如此。所以,对于工作中的不同意见或建议,应以适当的方式提出、反映或保留,但是不应当将其作为拒绝服从领导的一个借口。

4.支持领导。

"一个篱笆三个桩,一个好汉三个帮"。任何领导都需要别人的支持。身为下属的教师,应当全力支持和配合领导,才能使其做好管理,更好地开展工作。同时,教师只有恪尽职守,尽全力做好本职工作,认真完成教学任务,使各个教学组织正常运行,教师的自身利益也才能得到保证和维护。

二、上级对下级

教师作为上级,在处理与下级之间的关系时,要讲究科学,也要讲究艺术。在礼仪方面应做到:

1.尊重下级。

由于职务不同、地位不同、考虑问题的角度不同,上级与下级之间是最容易发生矛盾的一种社会关系。作为教师中的领导者要清楚,领导在职务上高于下级,仅仅是分工的不同。在人格尊严上,相互之间依然是完全平等的。尊重下级,是一种美德。在工作中,与下属保持适当的距离是必要的;对于部下进行必要的批评、监督,也是管理的职责所在。但是,在任何情况下,都不能忘记对下级以礼相待,要尊重下级的人格,学会换位思考,站在对方的角度去考虑问题,对症下药,解决事宜。

2.善用权威。

一艘舰船上只能有一个船长，任何一位称职的领导者都必须严令禁止，拥有绝对的权威。但是教师作为上级，要善用权威，尤其是在知识分子聚集的地方，更不能实施"管、卡、压"的政策，要学会分权、授权，注意策略，善于调动下级的积极性。要在尊重的前提下，树立权威，立足双赢。

3.以身作则。

俗语说得好：群众的眼睛是雪亮的，榜样的力量是无穷的。教师要塑造领导者的良好形象，在下级中以身作则是重中之重。不要说一套，做一套，背后还"下套"。在任何一个单位，只有领导者恪尽职守，廉洁奉公，在工作中身先士卒，言出必行，行必有果，才能真正受到下级的拥戴和信赖。

4.秉公办事。

领导要带领大家向前进，形成团队凝聚力，就必须站在最广大人的立场上，秉公办事，无论是立规矩、用干部，都要注意尽可能地做到"公平"、"公正"、"公开"，不能以权谋私，假公济私，更不能搞"一言堂"，亲疏有别，"顺我者昌，逆我者亡"，严重损坏教师的自我形象。

5.拥有爱心。

在学校里，口碑最好的领导者，往往都是懂得关心爱护下级的人。毛泽东同志特别告诫各级领导必须"关心群众生活，注意工作方法"。作为教师的领导更要强调方法，注意策略，落实在行动上。要急对方之所急，忧对方之所忧，解对方之所难，与对方进行情感沟通，融洽关系，善于调动其积极性，使其在工作岗位中轻装上阵，更好更快地完成各项工作任务。

【温馨提示】

礼仪无须花费一文可赢得一切——赢得陌生人的友善，赢得朋友的关心，赢得同事的尊重，赢得事业的最终成功。

【礼仪小贴士】

教师人际交往的原则和策略

1、尊重他人

2、以身示范

3、主动交往

4、换位思考

第五节 教师见面礼仪

见面礼仪是人们进入交际状态的第一步，当然也是教师与他人情感交流的开始，涉及交际活动是否成功的起点。通常的教师社交见面礼节包括称呼、握手、鞠躬、致意、名片使用等等。

一、教师称呼礼仪

称呼，指的是人们在日常交往应酬中，所采用的彼此之间的称谓语。在生活中如何使用称呼，反映出教师自身的礼仪教养，对他人评价和尊敬的程度，还可以体现出内心情感和社会关系，因此，教师对他人的称呼不能疏忽大意，随意乱用，要遵循对人尊敬、对己谦恭和与双方身份关系及场合相符的原则，来慎重选择正确、适当的称呼进行交谈。

1.正确、规范的称呼。

在日常生活中，教师对他人的称呼应当亲切、自然、准确、合理。而在

工作岗位上,则要庄重、正式、规范。根据具体情况,可酌情采用以下称呼:

（1）尊称

通常对于长辈或平辈,可称其为"您"、"您老"、"x老",以示尊敬;对于晚辈,则可称为"你"。

（2）以身份称呼

人际交往中,可以"同志"、"先生"、"女士"、"小姐"、"夫人"、"太太"等相称。其中"同志"可用在比较传统的地区和人群之中,略显保守但更利于交流。

（3）以其职务、职称、学衔相称

如:"李校长"、"吴教授"、"杨博士"等等。这种称呼多用在工作中,以示身份,表示恭敬。

（4）以姓名、或姓名后加辈分称呼

如:"王弘"、"张明"、"李叔叔"、"明霞阿姨"等。有时也可只呼其姓。如:"老马"、"大刘"、"小石"。亲友、同学、上司称呼下级、长辈称呼晚辈时,则通常只称其名,不呼其姓。

2.错误、禁忌的称呼。

教师在与人交往中,一定要注意回避错误和禁忌的称呼。偶尔由于不当称呼,产生误会的情形究其原因,主要是尊重不够、了解不足、知识局限、粗心大意等。具体有以下几种可能:

（1）误读的称呼

误读,一般表现为念错对方的姓名。比如,"仇"（qiu）不能读chou、"尹"（yin）不能读yi、"郇"（huan）不能读xun等等。

（2）误会的称呼

误会,主要指对被称呼者的年纪、辈分、婚否以及与其他人的关系判断错误。比如,将未婚妇女称为"夫人",对面相年轻的长辈直呼其名等。

（3）不通行、不适当的称呼

有些称呼,具有一定的地域性,比如,北京人喜欢称人为"师傅",山东人喜欢称人为"伙计",中国人把配偶经常称为"爱人"等。但是,在南方人听来,"师傅"等于"出家人","伙计"肯定是"打工仔"。而外国人则将"爱人"理解为搞"婚外恋"的"第三者",可见不同地域、不同风俗的称呼,真是"南辕北辙",误会太大了。

(4)绰号、庸俗低级的称呼

对于关系一般者,不要随意用道听途说的绰号去称呼对方,也不要自作主张给别人起绰号。至于一些具有侮辱性的绰号,更应绝对禁止。例如:"北佬"、"秃子"、"四眼儿"、"菜鸟"等等。在正式场合中,"哥们儿"、"姐们儿"、"瓷器"、"死党"、"头儿"等庸俗低级、带黑话风格的称呼不应使用。

另外,不要随便拿别人的姓名乱开玩笑。要尊重一个人,必须首先尊重其姓名。对此,教师在人际交往中,一定要牢记。

【礼仪格言】

记住别人的名字,而且很准确亲切地叫出来,等于给对方一个巧妙而有效的赞美。

——戴尔·卡耐基

二、教师握手礼仪

教师握手礼是交际中最常见的礼节,它在不同的场合、不同的情况下,可以表示教师内心亲切、惊喜、祝贺、感谢、拜托、慰问等各种思想感情,是一种友好的表现。

1.握手的方式。

具体来说,见面通常先打招呼,说敬语或问候语,双目注视对方,神情专注,姿态自然,微笑点头,然后相互握手。行握手礼时,必须站立,距对方约一步,上身前倾,两足立正,右臂自然向前伸出,

与身体略呈五六十度,右手手掌向左,掌心微向上,拇指与掌分开,其余四指自然并拢并微向内曲。握手时,上下微动,约两三秒钟,礼毕即松开。

握手礼是情感表达的重要形式,在手部触摸时可以感受到对方的态度,有一定力度且时间较长的握手表示的是热情和真诚;而轻轻一握即分开则可能表示生疏或冷淡。

2.握手的次序。

行握手礼时,教师、女子、长者、尊者、上级、主人、先到者、已婚者有先伸手的义务,不然会使对方尴尬。学生、男子、年轻者、身份低者、下级、客人、后到者、未婚者只有向对方问候并在对方伸手之后再行握手礼。

握手礼仪的特例是主宾之间的握手次序。在接待来访者时,应由主人首先伸出手来与客人相握,表示"热诚欢迎";而在客人告辞时,则应由客人首先伸出手来与主人相握,表示"打扰、感谢、再见"。

3.握手的禁忌。

(1)拒绝握手

对方向自己伸手,应看做是友好、问候的表示,应马上伸手相握。拒绝他人的握手是很不礼貌的。

(2)用力过猛

握手时不要用力过猛,尤其是男方与女方握手时,往往只轻握女方的手指部分,用力一定要适度,不要对女方采取双握式(俗称"三明治"式)握手。

(3)交叉握手

在多人同时握手时,不要形成交叉。当自己伸手时发现别人已伸手,应主动收回,并说声"对不起",待别人握完后再伸手相握。

(4)戴手套握手

社交活动中,与人握手戴手套被看做是不尊重对方、失礼的表现。只有女士穿晚礼服、婚礼服等套装戴纱手套时例外。

（5）握手时东张西望

握手时双目不能斜视或环视其他，而应注视对方，相握时，通过双方的目光形成一个情感的"闭合回路"。

4.不宜握手的情况。

（1）对方手部有伤。

（2）对方手里拿着较重的东西。

（3）对方正在忙着其他的事，如打电话、用餐、主持会议、与他人交谈等等。

（4）对方与自己距离较远。

（5）对方所处环境不适合握手。

（6）当自己的手不干净时，应亮出手掌向对方示意，并表明歉意。

三、教师名片使用礼仪

名片是现代社会交往中一种最为经济实用的介绍性媒介。初次见面，彼此不甚了解，大家往往会递上名片作为自己的"介绍信"和社交的"联谊卡"，以使双方迅速认识和熟悉。

1.名片的规格与内容。

目前社会上最通用的名片规格为9厘米×5.5厘米，色彩宜选庄重朴素的白色、米色、淡蓝色等。为了交往、联系、工作方便，名片上通常载有必要的信息，如姓名、地址、电话、单位、职务等，它是一个人身份的展示。

2.名片的作用。

名片在现代社会交往中，主要有以下几方面的作用：

（1）使他人了解你的身份、联系方法和地址等。

（2）当作礼物的附件，使受礼者知道礼物的主人。

（3）在某些情形下，名片还可以作为传达信息的工具。如拜访

他人不遇，或者需要请人转达事情时，可随名片上附上几行字，一并留下或托人转交。

3.名片的交换礼仪。

交换名片时应有正确的仪态，无论是递送名片或收受名片，都要恭敬严谨地起身立正，双手迎送，它体现了一个人的内在修养和基本素质。

一般情况下，职位低的人应先给出名片，用双手食指和拇指执名片的两角，以文字正向对方，口头要随之有所表示，比如说："您好！这是我的名片，请多指教。"或者"您好！我们来认识一下吧。"收受者应及时双手接过，以示尊重。如果差不多同时递过名片，自己的应从对方的稍下方递过去，同时用左手接过对方的名片。

参加会议时，可以在恰当的时机，如会前或会后，与不相识的人交换名片。对方人较多时，应先从领导开始。接过名片应点头致谢，并认真浏览一遍。看到姓名、电话等要素，如有疑问处，要即时问明白，此时人们是很乐意解答与自己有关的问题的。必要时，可在名片上做些文字性的标记，之后将其慎重放入自己的名片夹或上衣口袋内，妥善收藏。

图十三：名片礼仪

第六节 教师会客礼仪

这里所说的会客,是指教师因公或者因私在工作地点、私人居所或者其他商定的地点探望、会晤对方。它是一种双向的活动,于宾主双方而言,礼仪是愉快交往的保证,因此,教师在会客中应该依照礼仪规范行事。

一、拜访礼仪

就拜访礼仪而言,其核心在于礼貌真诚地去拜访主人,客随主便。

1.事先预约。

预约在先,是做客礼仪中最为重要的一条。不提倡随意顺访,教师一般不要做不速之客。事先预约,既体现了教师的个人教养,更是对主人的尊重。如果有紧急情况需要推迟或改期,教师应当尽量电话告知,实在来不及,之后见面应先行道歉解释。

(1)约定时间

一般情况下,教师应在主人方便时拜访。通常,不便拜会的时间是:工作极为忙碌的时候,难得一遇的节假日,不宜打扰的凌晨与深夜,以及常规的用餐和午休时间等。

(2)约定人数

在公务拜访中,这一点尤其重要。教师在预约拜会时,宾主双方应事先通报届时到场的具体人数及其各自的身份,尽量避免对方所不欢迎甚至极为反感的人物出现,避免不必要的误会。

(3)做客准备

首先,教师要准备着装,注意仪表。较为正式的拜访,更应干净整洁、庄重高雅,不宜选择轻佻、随便的服饰;其次,教师可以酌情

准备些恰当的礼品。例如拜访亲朋好友的私人居所时,可以准备鲜花、特产、水果等等。

2.做客得体。

教师准时赴约,登门拜访做客时,必须认真遵从以下的礼仪规范:

(1)敲门通报

教师到达后首先轻声敲门或摁门铃。不要在门外高声谈笑,大呼小叫,扰乱四邻。即使与主人关系再好,也绝对不要不打招呼,未经允许便推门而入,或是探头探脑地向室内窥视,否则极有可能遭遇让人尴尬的场面。

(2)相见问候

教师与主人相见,应当主动向对方及其身边的人问好。如是初次谋面,要主动做自我介绍。被邀请进门之后,应向主人奉上自己的礼物,并自动地脱下外套,摘下帽子、墨镜、手套,将其暂放于适当之处。

(3)入座得体

一般情况下,教师要在主人指定之处就座。当主人请坐时,应道声"谢谢"。要注意:切勿抢先落座;不要自行找座;与他人同到时应相互谦让;最好按照礼仪次序入座;坐姿要文雅端庄,不能东倒西歪。

(4)做客有方

教师拜访做客时,在略作寒暄后,宾主双方都要尽快地直奔主题。谈话不要"跑题",不要言不及义,浪费时间。

在做客时,教师不应询问主人的隐私。未经允许,不要到主人卧室等其他房间去,更不要随便乱动、乱拿、乱翻主人的私人物品。

主人上茶时,教师要起身双手接迎,并热情道谢。交谈中,不要把果皮、糖纸、烟蒂乱扔。

在做客过程中,对后来的客人教师要起身相迎。如主人有其他紧急事宜时,教师应即刻起身告辞。

（5）把握时间

如果主客双方对会见时间的长度有约在先，则教师务必要谨记在心，适时告退。假如没有约定，通常一次一般性的拜访应以一小时为限。教师初次拜会主人不宜长于半个小时。

通常，教师提出告辞时，主人可能会礼节性的挽留，此时教师应坚辞而去，牢记"客走主安"。出门以后，应对主人的盛情款待表示感谢，并请其留步，不要远送。

二、待客礼仪

教师接待宾客时，要努力创造温馨舒适的会客环境，以使客人来访时有宾至如归之感。主宾双方应在轻松、愉悦的氛围中，彼此进一步加深了解，增进感情。

1.细心准备。

教师与来访者约定之后，作为主人即应着手从事必要的准备工作。通常有以下四项：

（1）清洁环境

在客人到来之前，往往需要专门进行一次清洁卫生工作，以便创造良好的待客环境，并借以完善个人的整体形象，同时体现出对来客的尊重。

（2）待客用品

通常，需要提前准备的待客用品有：一是饮料、糖果、水果和点心等；二是香烟（如果客人吸烟），相让但并不勉强；三是报刊、图书、玩具等，可供客人尤其是随行而来的孩子使用。

（3）膳食住宿

"有朋自远方来"，教师应为其预先准备好膳食和住宿，并在会面之初便向对方说明，以示待客诚意。如果家中或本单位不具备留宿条件的话，事先应向对方说明，在附近帮助介绍、联系。

2.迎送礼仪。

迎送礼作为接待宾客的开始与结束,对于教师而言,同样是极为重要且必要的。

(1)迎接

对于重要的或初次来访的客人,教师作为主人在必要时要亲自或派人前去迎候。对远道来访的客人,可恭候于客人抵达本地的机场、港口、车站,或是下榻之处,并要事先告知对方。迎送本地的客人,宜在大门口、楼下、办公室或居所的门外,或者双方事先约定之处。对于常来常往的客人,虽不必事先恭候于室外,一旦得知对方抵达,即应立即起身,相迎于室外。

(2)问候

教师与来客相见之初,不论彼此熟悉与否,均应真诚欢迎、面含微笑、热情握手、亲切问候。假如客人到来时,自己身边还有家人、同事或其他客人在场,主人有义务为其进行相互介绍。

(3)让座

若是把客人拦在门口说话,通常等于主人是在向客人暗示其不受欢迎。因此,客人到来之后,教师应尽快将其让入室内,并请客人"上座"。所谓"上座",在待客时通常是指:宾主并排就座时的右座;距离房门较远的位置;宾主对面就座时面对正门的位置;或是较高、较为舒适的座位等。另一方面,在就座之时,为表示对来客的尊重,主人应请客人先行入座。

(4)有序

所谓"待客有序",是指教师在与客人握手、问候以及让座、献茶时,要注意按照惯例"依次而行",通常是"先尊后卑、先长后幼、先女后男、先宾后主"。所谓"一视同仁",则是要求主人在接待多方、多位来宾时,在态度与行为上都要对其平等相待,切勿厚此薄彼。

(5)送别

客人提出告辞,主人应予以挽留。倘若客人执意要走,主人方可起身送行。对远道而来者,可以送到机场、港口、车站或是下榻之处;对本地的客人,则应送到大门口、楼下、室外或电梯口。告别时,应握手说"再见",对难以谋面的客人,应祝愿"多多保重",并请其代向家人或同事致以问候。当客人离去时,应向其挥手致意。对方离去之后,主人方可离开。

3.热情待客。

教师待客时,要真诚、热情、周到、得体。

(1)热情尊重

接待客人时,教师一定要做到时时、处处以客人为中心,要及时地上茶、敬烟、递水果,切勿有意无意地冷落客人。面对客人的时候,不能爱理不理、闭目养神、打哈欠、伸懒腰、看书看报、听广播、看电视、忙于处理家务、打起电话没完没了、甚至抛下客人扬长而去。

(2)注意交谈礼仪

宾主进行交谈时,双方都要讲究谈话礼仪。首先是"四不准":一不打断对方;二不补充对方;三不纠正对方;四不置疑对方。双方摆在平等的位置,不可有高人一等盛气凌人的感觉。主人要准确无误地表达和接受信息,在客人讲话时洗耳恭听,并表现出浓厚的兴趣。对对方的观点或意见,不要匆忙做结论,要充分地思考之后再恰当地表述。要有随机应变的能力,交谈中可能会出现一些不好解释或不好回答的问题,此刻应反应机敏灵活,回答得恰到好处,既不失身份,又不无道理。

三、用餐礼仪

日常的社会交往或访客聚会中,教师在餐桌上的行为举止,不仅会别人留下一定的印象,内心做出相应的评价,也会反映出自身的修养与素质。因此,这里对教师的用餐基本礼仪做一介绍。

1.适度修饰。

教师外出用餐,尤其是赴宴或聚餐时,应适度地进行个人修饰。总的要求是:整洁、优雅、个性化。一般而言,男教师可穿正装或便装,仪容整洁。女教师应穿时装或套裙,并化淡妆。倘若不加任何修饰,甚至仪容不洁、着装不雅,则会被视为不尊重主人,不重视此次聚餐或宴请。

2.准点到达。

教师应邀赴宴、或参加聚餐时,一定要准点抵达现场。迟到、早退、逗留时间过短等,都可能会被视为失礼或有意冷落。身份高者可略晚些到达,一般客人宜略早些到达。抵达现场后,应立即前往迎宾处,主动向主人问候。如果是庆祝活动,应表示祝贺。对在场的其他客人,均应点头示意,互致问候。

3.礼貌入座。

赴宴或聚餐时,要听从主人安排,按照指定的桌次、位次就座。一般而言,在入座时,应与主人、主宾之后就座,或与大家一道就座。就座时,应从左侧进入,并使身体与餐桌保持两拳左右的距离。上身呈挺拔之态,保持良好的姿势。双脚踏在本人座位下,不可随意伸出,影响他人。不可玩弄桌上的酒杯、盘碗、刀叉、筷子等餐具,不要用餐巾或口纸擦餐具,以免使人认为餐具不洁。

4.席间交谈。

教师坐定后,如已有茶,可轻轻啜饮。无论作为主人、陪客或宾客都应与同桌的人交谈,特别是左右邻座。不可一言不发,或只与几位熟人交谈。若不相识,可自我介绍。谈话要掌握时机,谈话内容要视交谈对象而定。不可只顾自己一人夸夸其谈,或谈些荒诞离奇的事而引人不悦。

5.倾听致辞。

宴会开始时,一般是主人或贵宾致辞。此时应停止谈话,不可吃东西,不要走动,将身体面向主人,认真倾听。致辞完毕,主人招呼后，方可开始进餐。

6.文明用餐。

用餐时，教师要严格规范自己的行为举止。例如："进食禁声"，不论吃东西还是喝饮料，都不能发出很大的声响。不要随意挪动桌椅，也不要把餐具弄得叮当作响。吃相要文雅，不可狼吞虎咽，或如饿狼扑食一样。尽享美食的同时，还要注意环境和个人卫生，不要吃得桌上、地上"四处开花"，身上、脸上"到处留痕"。另外，务必要正确使用餐具，这一点在西餐中更为注重。如果实在不清楚，可以暂时先不动手，现场观摩他人的做法，之后再模仿用餐。

【礼仪格言】

教师要把学生造就成一种什么人，自己就应当是什么人。

——俄国革命家车尔尼雪夫斯基

图十四：待客礼仪

第七节　教师文娱礼仪

这里的文娱礼仪是指教师在各种聚会、舞会以及观看演出、参观展览等社会交往活动中须要遵守的礼仪规范。

一、聚会礼仪

聚会有各种不同的形式,诸如茶话会、宴会、生日聚会、节庆集会等等。不同的聚会当然有不同的规模和特点,但在主要的礼仪规范要求上是大体统一的。

1.主办方。

活动的主办者要做好前期准备工作:布置会场环境、准备茶具食品、及时发出请柬或通知等;与会者要仪表整洁、服饰庄重,准时赴约。主办方需在聚会开始之前热情迎接每位与会者的到来。

2.参会者。

参加聚会者在主人的介绍下应彼此致意、问候,言谈举止要优雅端庄、自然大方。如果参加生日聚会或婚礼庆典,要向寿星呈献礼品,向新人送上祝语,以示庆贺。

3.发言者。

聚会发言者要了解听众、分清对象,致辞或发言内容要观点鲜明、材料翔实。不仅要精辟新颖,简短明了,更要注意语言生动、感情真挚,适当场合可以幽默风趣,即席吟诗作赋,或者引吭高歌一曲,增添活跃气氛。

4.观众。

聚会中的观众要遵守会场秩序,认真倾听发言,尽量不要中途退场,更不要不辞而别。如因故必须离去,需向主人悄声致歉,不要影响别人。聚会结束,需向主人道谢辞行,也要与老朋友、新相识握手告别。

二、舞会礼仪

舞会,一般是指教师以参加者自愿相邀共舞为主要内容的一种文娱性社交聚会。它是学校为庆祝元旦、校庆等节日和欢迎来宾的公共关系手段,也是人际交往中的一种轻松、愉快的良好形式。参加舞会,可以结识朋友,发展友谊,增进感情交流,扩大社交范围。大体说来,参加舞会的礼仪要求有以下几点:

1.前期准备。

主办舞会者要提前安排时间,布置场地,设计主题,选择曲目,邀请来宾;出席舞会者服饰装扮要整洁大方,端庄得体。女士可根据自身情况,适当化妆,但不可过分妖艳;男士要注意不要饮酒,口中不能有异味。

2.邀请舞伴。

舞曲响起,通常由男士邀请女士。可先向被邀请的同伴含笑致意,然后再彬彬有礼地询问被邀请者:"能否有幸请您跳一支舞?"女方一般不应无故拒绝男士的邀请,应在说明原因时使用委婉、暗示的托词。例如"不好意思,已经有人邀请我了"、"对不起,我有点累,需要休息一会儿"、"对不起,我不会跳这种舞"等。

在舞会自行选择舞伴时,最好先适应一下四周的气氛,进行细心的观察。一般最适合的舞伴要选择:年龄相仿之人、身高相当之人、气质相近之人、舞技相通之人、未带舞伴之人、希望结识之人等。

3.共舞礼仪。

步入舞池时,须女先男后。起舞的正确姿态应是抬头挺胸,双方相向而立,相距 20 公分左右。男士向左上方伸出左手,掌心向上,轻轻平托住女士掌心向下的右手,使手臂以弧形向上与肩部呈

水平线。跳舞过程中,应由男士带领在先,女士配合于后。双方舞姿均应符合文明规范,身体保持平衡,步伐切勿零碎、杂乱。不可有耸肩摇臀、搂握过紧等轻浮、鲁莽的动作。除交谈之外,在跳舞时切勿长时间地紧盯着舞伴的双眼。如果不慎踩到脚或碰到对方身体的其他部位,抑或是冲撞了他人,应立即颔首致歉,说声"对不起"。

跳舞时,所有人都必须按照逆时针方向行进,确保舞池的正常秩序。不能吸烟,不能大声喧哗,更不能戴口罩。舞会进行中,不可穿越舞池,如确实有事需要找人,要等这曲音乐结束之后再顺边绕道而行。

三、观看演出、参观展览礼仪

观看演出、参观展览是指教师在各种公共场所观看电影、戏剧、音乐会、文艺演出,或者到美术馆、博物馆、科技馆参观展览等一系列活动。这是学习和娱乐的一种形式,也是学校经常开展的一种活动。它既可以增长知识,开阔视野,又可以很大程度地丰富业余文化生活,陶冶情操,对师生进行思想和道德的渗透教育。

1.观看演出礼仪。

教师在校内或校外等公共场所观看演出时,要注意服饰整洁,举止文明,准时到场,对号入座。不要吸烟,不吃带皮带核的食物。整个观看过程中,不得大声喧哗,来回走动。一个节目或演出结束,要向演员鼓掌致谢,以示尊重。演出结束后,普通观众应该等待贵宾退场后再离去。

2.参观展览礼仪。

参观展览是寓教于乐的另一种形式,因此学校会经常开展诸如此类的一些活动。使得师生们通过参观学习,既开阔了视野,又增长了见识,无疑取得事半功倍的教育教学效果。

教师在校内外参观展览时,要遵守展厅或游览地的规章制度和要求,自觉维护参观秩序,爱护公共设施,不随地吐痰,不乱扔果皮纸屑,时刻保持公共环境清洁卫生。不要拥挤、不要大声喧哗、指指点点,要保持展览馆或旅游景点的肃静气氛,认真倾听讲解员的讲解,不要轻易用手去触摸展品,对文物设施、建筑古迹更不能随意破坏。一般在展览馆内不要拍照,不要在游览地、景点处随意刻画留下"到此一游"的标记。

【礼仪格言】

生命短促,只有美德才能把它流传到辽远的后世。

——英国戏剧大师莎士比亚

第八节 教师通讯礼仪

一、电话礼仪

电话是目前最常用的通讯工具,它方便、快捷,能及时沟通情感、交流信息。因为电话是靠声音传播的,所以教师无论是发话人还是受话人,都应注意语言规范,遵守语言礼仪。

1.发话人的礼仪。

发话人要选择适当的通话时间,尽量避开睡眠休息和饭时,与国外通话还应注意时差和生活习惯。要提前查准号码,不慎拨错,应立即向对方致歉。通话后,说一句:"喂,您好!"然后再询问对方的单位和姓名,如"请问这里是×××单位吗?"、"请问您是××吗?"得到答复之后,要自报家门,免得对方猜测。

通话时,发音吐字要真切清楚,声调语气要亲切自然,说话内容要文明规范。通话应遵守"三分钟原则",简明扼要,适可而止,不要利用电话闲谈和开玩笑聊天,更不能肆意辱骂和人身攻击。通话

中间不能不明不白地随意挂断。通话结束时,礼貌地道声"打扰您了,再见!"方可停止通话。

图十五:电话礼仪

2.受话人的礼仪。

听到电话铃响之后,教师要尽快接通,首先问候:"您好,请问找哪一位?"或者通报一下自己的单位和姓名,以便对方确认。如果自己不是受话人,应该积极热情地代为寻找,并说声:"请稍候。"不要一味地探询对方:"你是谁?"、"找他什么事?"等等。如果要找的人不在,应及时回复,并征求对方意见:"他不在,有什么事需要我转告吗?"或者认真将对方的姓名和电话号码记录下来,以便受话人能正确及时地与其取得联系。

自己是受话人时,要耐心聆听对方的述说,理解对方的意图,仔细考虑对方所提的要求能不能满足,所托之事能不能办到。答复要明确,拒绝要委婉,并且要尽力说清楚难办的原因和自己的苦衷。如果自己正在处理其他事务,不可中断,则应致歉,并请对方先挂断,自己忙完之后,再打过去。

二、电报礼仪

电报是利用电讯通信技术传递文字信息的一种工具。电报时间迅捷,内容清楚,方便可靠,经济实惠,成为日常学习、工作和生活交际的重要工具。拍发电报要遵守邮局的统一规定,认真填写,选用极其简练的语言传递感情,表达信息。

1.庆贺电文。

凡结婚、生育、寿辰、节日、升学、毕业、文明创造、立功受奖、乔迁升职以及机关单位举行会议,开展大型活动、典礼等都可以拍发礼仪电报以示庆贺。庆贺电文要生动真诚,热情洋溢。如:

"欣闻喜结良缘,爱星高照,谨颂美满如意。"

"欣闻弄璋之喜,谨致贺忱。"(生儿子用)

"欣闻弄瓦之庆,遥电祝贺。"(生女儿用)

"欣逢荣寿大庆,恭祝康乐。"

"值此佳节降临,特电致贺。"

"欣闻荣膺学位,无比钦佩,愿百尺竿头,更进一步。"

"顷闻华厦落成,恭贺乔迁之喜。"

"宝号新开之际,恭祝鸿运昌隆。"

2.吊唁电文。

吊唁电文是表示对逝者的悼念和对家属的安慰。感情应沉重、悲痛。如:

"远道闻讣,万分哀痛,特电慰唁,尚请保重。"

"惊悉先生不幸辞世,痛失良友,特电致哀。"

"惊闻令尊(令堂)仙逝,无比痛悼,尚祈节哀。"

"顷闻先生遽归道山,万分悲悼,敬奠致唁,诸维亮察。"

三、邮件及书信礼仪

由于书信方便易行,材料简单,所以自古以来就是人们进行行政事务管理、个人生活交际、感情信息沟通的通讯形式,并形成了一整套的书信规范格式礼仪。当今的电子邮件,类似于这种书信的

作用,因其更迅捷方便,故而成为 21 世纪最常用的信件工具。具体说来,邮件信文由称谓、正文、敬语、落款及时间四部分组成。

邮件及书信首先写收信件人的姓名与称谓,为表示尊敬,之后可再加一称呼语,如给父母,可写"父母亲大人",给一般人可称"先生"、"阁下"等。开启信文要有客套语言,礼貌问候,在正文中书写要表述的事项和抒发的感情,可根据对象和所述内容的不同,灵活地采用不同的文笔和风格。结尾时可加强语气,反复陈述,以引起对方注意。如"切嘱切嘱"、"万望从速赐复为要"等等。

祝颂语是表达对收信件人的美好祝愿,分祝语、颂语两部分。祝语为两个字组成,第一个字多为"敬、恭、谨、肃、顺、即、此、并"等,第二个字多为"祝、请、叩、颂、贺、询、候、致"等,前后两个字可以任意组合,如"敬祝"、"恭颂"等。颂语一般为二至四字,根据时令、节日、性别、行业、关系等,多与"安、好、祺、佳、吉"等字组合,如"春安"、"岁祺"等,或者四个字的如"健康长寿"、"鸿运昌盛"、"阖家幸福"、"吉祥如意"等。落款即署写信人的名字,根据关系的不同可在之后加上致敬词;如对长辈用"奉、拜上",对同辈用"谨启、上",对晚辈用"字、白、谕"等。最后写寄发信件的年月日等具体时间。

总结 当代教师应当具备的师表礼仪特点

21 世纪的中国,为建设一个富强、民主、文明的现代化国家,正在进行着一场全面深刻的社会改革。在这一过程中,基础教育无疑肩负着重要的历史使命。为培养适应 21 世纪社会发展需要的新型人才,教师必须不断加强为人师表的礼仪修养,树立当代良好的师表礼仪形象。

一、内在思想道德礼仪的高尚性

高尚的思想情操和道德素质,体现教师的道德境界和思想觉悟水平,以及感情和精神风貌,是教师首要具备的重要师表风范。

1.高尚的思想情操。

思想情操,是指一个人平素所执持的廉洁正直的志行品德。教师应具备的思想情操表现在:忠诚人民的教育事业,具有敬业乐教、无私奉献的精神;热爱学生,具有廉洁公正、公私分明的思想境界。

培养高尚的思想情操,首先要立志。"志不立,天下无可成之事",高尚情操"立志而圣,则圣矣;立志而贤,则贤矣"①。其次,立志有恒,坚守,这是培养优秀思想道德的关键。荀子指出,教师要具有高尚的思想情操,必须做到"权利不能倾也,群众不能移也,天下不能荡也。生乎由是,死乎由是"①。也就是说,只有在各种情境下都不

---

① 王守仁:《教条示龙场诸生》。

改变,活着是这样,死去也是这样,才算是具有高尚的思想情操。

2.高尚的道德品质。

古人云:"益师者,师其道与德也。道之高,德之至,从而师之。"高尚的道德品质是教师高尚的内在思想情操的重要内容。蔡元培先生就十分重视教师的道德品质,他说:"教员者,学生之模范也。故教员宜实行道德,以其身为学生之律度,如卫生宜谨,束身宜严,执事宜敏,断曲直宜公,接人宜和,惩忿而窒欲,去鄙倍而远暴慢,则学生日熏其德,其收效胜于口舌倍蓰矣。"②

由此可见,忠厚善良、诚实正直、公正廉洁、宽容谦虚、热忱和蔼、克己自制、勤奋坚毅、朴实乐观等等,是教师应当具备的良好道德品质。在教育过程中具体表现为:

(1)爱生

关心、尊重、理解学生,热情地鼓励学生,并对学生抱有积极适度的期待。

(2)敬业

热爱教育工作,无私奉献,不断提高教育教学能力,勤奋钻研,积极进取。

(3)乐群

敬重同事,谦虚友善,互相帮助、关心与扶持,乐于合作,具有集体意识和集体荣誉感。

(4)克己

谨记教师的神圣使命,时时刻刻严以律己,提高修养,增强自制力、责任感,谦逊认真。

---

① 荀子:《劝学》,语文出版社,1970 年。

② 《蔡元培全集》第二卷《中学修身教科书·教员》,浙江教育出版社,1997 年。

二、外在言行举止礼仪的文明性

教师的为人师表礼仪最直接地体现在日常教学行为中，外在服饰装扮、言行举止的文明性是教师师表风范的最基本要求。

1.遵纪守法。

要把学生培养成为对国家、对社会有用的人才，教师本身就必须是遵纪守法的人。不仅要严格遵守国家的各项法律，做一个依法守法的好公民，而且还要遵守学校的规章制度，做一个遵守纪律的好教师。

2.语言文明。

语言是教师劳动的重要手段。丰富科学知识的传授，美好思想感情的交流，总是离不开语言的。教师应善于用语言来开启学生求知的心扉，使学生不断努力上进。

（1）语言的纯洁性

苏霍姆林斯基说过，对语言美的敏感性，是促成孩子精神世界高尚的一股强大力量。这种敏感性，是人类文明的一个源泉所在。因此，教师的语言要纯洁、文明、健康，只有这样才能给学生以美的享受，促其形成纯洁、文明、健康的心灵世界。

（2）语言的准确性

教师的语言要准确、鲜明、简练。准确即用语精确清晰、合乎逻辑，具有学术性和专业性；鲜明即语言褒贬分明，包含真情实感；简练即语言精辟透彻，言简意赅。

（3）语言的激励性

教师的语言也具有感人的力量，因此，要热情、诚恳，富于激励性。教师一定要努力把活生生的灵感和思想贯彻到自己的语言中去。特级教师于漪说过，教学语言必须倾注充沛、真挚的感情，"情动于中而言溢于表"，只有动之以情，晓之以理，才能达到激励教育的目的。

（4）语言的启发性

教师的语言要含蓄、幽默、富有启发性。语言丰富,措辞优美,含蓄幽默,会激发学生的学习兴趣,活跃课堂气氛,收到良好的教育教学效果。

3.仪表大方。

教师的仪表是教师精神风貌的外在体现，是其内在素质的反映和个人修养的标志,对学生具有强烈的示范作用。

(1)衣着朴实整洁

教师的仪表衣着直接反映着教师的道德面貌和审美情趣,对学生具有重要的道德意义和审美价值。因此,教师的仪表衣着应具有职业感和美感。首先,要整齐清洁,讲究卫生,不要衣冠不整,蓬头垢面。这是对教师衣着外表美的起码要求,也正如马卡连柯曾说,教师"必须衣服整洁,头发、胡须都要弄得像样,鞋袜洁净,双手清洁,修好指甲和经常备有手帕"。其次,要美观大方,朴素典雅,不要古怪奇特,花哨艳丽。这是对教师衣着外表美的职业和审美要求。

(2)举止稳重端庄

教师在职业工作和日常生活中要做到待人接物落落大方,稳重端庄。首先,教师的举止要谦恭礼让,不能粗野蛮横。这是对教师行为的起码要求。教师只有对学生以礼相待,温文尔雅,才会使学生感到教师平易近人,师生关系才能变得融洽,便于沟通,学生也才能从教师的文明行为中受到熏陶,养成良好的礼貌习惯。其次,教师的举止要端庄适度,体现出良好的道德文化修养,让美德表现在外部行为上,使学生体验到教师举止中那具有丰富内涵的美。

(3)态度和蔼可亲

教师在教育过程中以什么样的态度对待社会、人生和学生,学生也会以什么样的态度来看待社会、人生和教师。因此,和蔼可亲、平易近人的态度是教师师表礼仪规范的基本要求。教师在教育学生时,要表现出师长的爱抚和关切,要以宽广博大的胸怀对待学生。

（4）风度从容优雅

风度是人的精神、气质综合性的外在表现，教师的风度应是内在美与外在美的统一，体现教师衣着、服饰、容貌和体态的美好形象，体现教师品格、情操和精神面貌的良好修养。教师的风度在兼具良好的个性美的同时，应该是：朴实整洁而不呆板，稳重端庄而不矫饰，活泼开朗而不轻浮，热情大方而不做作，善良和蔼而不怯懦，谦逊文雅而不庸俗。

（5）教态高雅洒脱

教师的教态是无声的语言，是教师的情感、姿态和表情的自然流露。平和亲切自然洒脱的教态会取得良好的教学效果。首先，教师的表情要自然丰富。教师在授课时，目光要温和而安详，面部表情要庄重而亲切，并随时根据教学内容的需要而适当变化眼神和面部表情。其次，教师的姿态要端庄有活力。端庄稳重有助于稳定学生的听课情绪，振作学生的精神。塌肩弓背、不停走动、摇头晃脑，以及各种不必要的小动作都会影响课堂气氛，削弱教学效果。同时，稳重中还应显示活力，教师站在讲台上要精神振奋，富有朝气，充分显示个性魅力，这样才能更吸引学生的注意力，调动学生学习的积极性。再次，教师的手势要简洁适度。手势是教师最明显、最丰富，也是使用最频繁的教具之一。教师的手势应表达正确的感情，在讲课或与人交流谈话时，手势要自然、适度、简洁、准确有力，既不要过分单调，也不要过分繁杂。

三、个性品质礼仪的积极性和健康性

当代 21 世纪，一个合格的教师应具有积极和健康的个性品质，乐观、开朗、有自信。一个优秀的教师要能善待学生或他人的过错，宽容学生或他人的无知，理解学生或他人的心情。在教学过程中，能积极发现问题，并不畏艰难，努力解决问题，愉快地完成教学

任务。

一般说来,教师应具备积极和健康的个性品质,有以下几个方面:

1.广泛的兴趣。

教师的兴趣,不但是影响学生个性发展的教育手段,而且是教师与学生在更广泛的领域里建立共同语言,融洽师生感情,培养教师威信的重要手段。教师兴趣品质的积极性和健康性集中反映在稳定、广泛而有中心的特性上。教师广泛的兴趣,不仅表现在对教育事业的酷爱和高度的责任心上,而且表现在热情指导学生感兴趣的活动中。

2.坚强的意志。

教师的工作是艰巨繁重的脑力和体力相结合的劳动,没有严格的时间和空间的界线,全凭教师的良心、意志和觉悟。所以,教师的意志作为教师个性品质的重要内容,是重要的师表风范。它要求教师沉着自制,善于支配情感,对自己所从事的事业抱有明确的目的和坚定的信念,不论是顺境还是逆境,总是充满必胜的信心,在困难面前百折不回,坚韧不拔,要具有顽强的毅力和坚强的品格。学生思想意识的进步、文化知识的掌握、道德品质的培养,都不是简单的过程,也不是一蹴而就、一劳永逸的,教师需要付出极强的涵养和忍耐,需要具有持之以恒的工作态度。

3.开朗的性格。

日本大学教授关中先生认为:“教师的性格特征应当具有明朗快乐、朝气蓬勃的精神。”教师的劳动是在人与人相互作用的过程中进行的,每个教育环节都离不开人际关系的处理,因而教师应该具备健康开朗的性格特征。它在教育教学活动中表现为热爱人生、热爱事业、精神饱满、勤奋愉快、胸怀坦荡、乐观向上的精神状态。这种性格不仅有利于产生巨大的人格吸引力,建立良好的人际关系,而且有利于克服逆境和心理挫折,不致由于孤僻、悲观、冷漠的消极情绪而影响教育教学效果。同时,教师健康开朗的性格还应表现为理智、诚实,有独立性。

4.平静的心境。

心境是一种微弱、平静而持久的情感状态。教师的劳动是十分艰巨、复杂的,教师只有保持平静愉快的心境,才能在教育教学工作中给自己带来乐趣和幸福感,给学生带来积极的情绪体验,进入兴奋状态,提高学习信心和自觉性,并因此而创造出一种和谐融洽的师生关系。

5.健康的情绪。

一般情况下,教师要有自我控制情绪的能力,并以积极的态度去感染和激发学生。对教师而言,情绪的健康性主要表现为健康幽默、稳定适度。

教师在教育教学活动中,或者社会交往过程中,要常常控制自己的情绪,力求稳定适度。一般说来,凡有经验的教师都不随意表现自己的情绪,通常都显得头脑冷静,注意分寸,表现出平和自然而合乎情理的态度。

四、职业工作礼仪的纯熟性和进取性

教师的师表风范也包括职业工作的纯熟性和进取性。"温故而知新,可以为师矣"[1],"君子知至学之难易而知其美恶,然后能博喻,能博喻然后能为师"[2],"道之未闻,业之未精,有惑而不能解,则非师矣"[3],这些都说明,教师工作的纯熟性是为师的基本条件。

教师工作的纯熟性源于他的积极进取、勤奋敬业的精神。

首先,表现为既勤且韧。唐代的韩愈说:"业精于勤而荒于嬉,

---

[1] 黄朴民等编著《白话四书》之《论语·为政》,三秦出版社,1990年。

[2] 《礼记·学记》,上海古籍出版社,1995年。

[3] 黄宗羲:《南雷文案·续师说》,语文出版社,1980年。

学成于思而毁于随"。大凡做出成就、有所建树的人,学习、做事都非常勤奋用功。司马光为了编撰《资治通鉴》,十余年如一日地勤奋学习,含辛茹苦,付出了大量的心血。他为了夜以继日地读书,专门做了一个圆木枕头,号称"警枕",以便在睡着时随时惊醒他。

其次,表现为讲究方法。一是学思结合。王充在《论衡·量知》篇中说:"人之学问,知能成就,犹骨象玉石,切磋琢磨也。"孔子亦曰:"学而不思则罔,思而不学则殆。"二是学问结合。孔子说:"敏而好学,不耻下问,是以谓之'文'也。"三是读书"存疑"。宋代陆九渊主张,"为学患无疑,疑则有进","小疑则小进,大疑则大进"。

由此可见,教师要具有职业工作的纯熟性和进取性,必须勤奋、善思、好学,只有这样,才能具有开拓创新的时代精神,更加出色地完成各项教育教学任务。

参考文献

［1］诺维科娃. 中小学集体教育概论［M］. 北京：工人出版社，1988

［2］于淑云，黄友安. 教师职业道德、心理健康和专业发展［M］. 北京：首都师范大学出版社，2007

［3］万福，于建福. 教育观念的转变与更新［M］. 北京：中国和平出版社，2000

［4］钟启泉编译. 现代教学论发展［M］. 北京：教育科学出版社，1992

［5］马云鹏. 中学教育科研方法基础［M］. 长春：东北师范大学出版社，2001

［6］马骏、梁积荣、张国春编著. 教师职业道德概论［M］. 太原. 山西教育出版社，1991

［7］马志行. 教师职业道德导论［M］. 人民出版社，2000

［8］李秉德主编. 教学论［M］. 北京：人民教育出版社，1994

［9］张祖忻. 教学设计［M］. 上海：上海外语教育出版社，1992

［10］宋宁娜. 活动教学论［M］. 南京：江苏教育出版社，1996

［11］刘舒生. 教学法大全［M］. 北京：经济日报出版社，1993

［12］扈中平主编. 现代教育理论［M］. 北京:高等教育出版社,2000

［13］陈时见. 比较教学论［M］. 南昌:江西教育出版社,1996

［14］赖志奎. 现代教学论［M］. 杭州:杭州大学出版社,1998

［15］吴也显. 试析教学模式的研究［J］. 课程·教材·教法,1992(4)

［16］张武升. 关于教学模式的探讨［J］. 教育研究,1988(7)

［17］严文. 男士礼仪指导［M］. 海南:海南大学出版社,2002

［18］吴虹. 女士礼仪细节［M］. 山东:青岛出版社,2000

［19］苏霍姆林斯基. 要相信孩子［M］. 天津:天津人民出版社,1981

［20］李芒. 现代教育技术［M］. 长春:东北师范大学出版社,1999

［21］戚万学. 冲突与整合——20世纪西方道德教育理论 ［M］. 济南:山东教育出版社,1995

［22］教育部师范教育司组织编写. 中小学教师职业道德修养［M］. 长春:东北师范大学出版社,1998

［23］梅逊. 西方当代教育理论［M］. 深圳:文化教育出版社,1984

［24］赫钦斯. 教育中的冲突［J］. 现代西方资产阶级教育思想流派论著选

［25］陈孝英. 幽默的奥秘［M］. 北京:中国戏剧出版社,1989

［26］［新西兰］拉尔夫·皮丁顿. 潘智彪译. 笑的心理学［M］. 广州:中山出版社,1988

［27］廖时人等编. 教育学的学与用［M］. 北京:人民教育出版社,1991

［28］马振海主编. 教师礼仪［M］. 开封:河南大学出版社,2001

［29］白铭欣. 班主任的科学与艺术［M］. 北京:华龄出版社,1996

［30］王怀彬,谢国生,王斌清. 教师基本功［M］. 长春:吉林大学出版社,1993

［31］叶澜,等. 教师角色与教师发展新探［M］. 北京:教育科学出版社,2001

［32］丁证霖等编译. 当代西方教学模式 ［M］. 太原:山西教育出版社,1991

［33］许金生. 什么是健康人格理论［J］. 百科知识,1988(10)

［34］俞国良. 创造心理学［M］. 杭州:浙江人民出版社,1996

［35］皮亚杰. 教育科学与儿童心理学［M］. 北京:文化教育出版社,1981

［36］冯之俊,张念椿编著. 现代文明社会的支柱［M］. 上海:上海人民出版社,1986

［37］朱智贤. 儿童心理学［M］. 北京:人民教育出版社,1979

［38］申继亮 主编. 新世纪教师角色重塑——教师发展之本 ［M］. 北京:北京师范大学出版社,2006

［39］钮文异. 教师健康素养与职业提升［M］. 北京:红旗出版社,2009

［40］王承绪. 西方现代教育论著选［M］. 北京:人民教育出版社,2003

［41］吴式颖等. 马卡连柯教育文集(上) ［M］. 北京:人民教育出版社,1985

［42］邵瑞珍 主编. 学与教的心理学 ［M］. 北京:华北师范大学出版社,1990

［43］鲁洁,吴康宁主编. 教育社会学［M］. 北京:人民教育出版社,1991

［44］王汉澜主编. 教育评价学［M］. 开封:河南大学出版社,2001

［45］戴忠恒. 心理与教育测量［M］. 上海:华东师范大学出版社,1987

［46］李学农. 教师入职指南［M］. 北京:高等教育出版社,2007

［47］顾明远. 教育大辞典［M］. 上海:上海教育出版社,1998

［48］周宏,高长梅主编. 21世纪教育新概念全书［M］. 北京:.中国民主法制出版社. 1998

［49］应湘,向祖强. 教师专业发展与学生成长［M］. 广州:暨南大学出版社,2007

［50］陈向明. 实践性知识:教师专业发展的知识基础［M］. 北京大学教育评论,2003

［51］南京师范大学教育系主编. 教与学 ［M］. 北京:人民教育出版社,1984

［52］［美］哈什等著. 傅维利等译. 道德教育模式［M］. 北京:学术期刊出版社,1989

［53］王琪. 现代礼仪大全［M］. 北京:地震出版社,2005

［54］吴立岗. 教学的原理、模式和活动［M］. 南宁:广西教育出版社,1998

［55］夸美纽斯著. 大教学论［M］. 北京:人民教育出版社,1984

［56］吴也显主编. 我国中小学常用教学模式 ［M］. 昆明:云南教育出版社,1993

［57］王本陆. 教学动力研究的现状、问题与思路［J］. 教育研究,1992(2)

［58］杨芷英. 教师职业道德［M］. 北京:高等教育出版社,2007

[59] 廖衍尚. 育人与做人[J]. 人民教育,1999(8)

[60] 钟启泉. 现代课程论[M]. 上海:上海教育出版社,1989

[61] 包连宗等编著. 教师职业道德修养[M]. 上海:华东师范大学出版社,1985

[62] 石中英. 知识转型与教育改革[M]. 北京:教育科学出版社,2001

[63] 吴康宁. 教育社会学[M]. 北京:人民教育出版社,1998

[64] 弗里德曼等. 社会心理学[M]. 哈尔滨:黑龙江人民出版社,1997

[65] 张维平主编. 平衡与制约[M]. 济南:山东教育出版社,1995

[66] 扈中平,刘朝晖. 挑战与问答——20世纪的教育目的观[M]. 济南:山东教育出版社,1995

[67] 王荣江. 未来科学知识论[M]. 北京:社会科学文献出版社,2005

[68] 杜威. 学校与社会进步[J]. 现代西方资产阶级教育思想流派论著选

[69] [奥]弗洛伊德. 张增武等译. 机智及其与无意识的关系[M]. 上海:上海社会科学院出版社,1989

[70] 顾乃忠. 主观能动性研究[M]. 南京:江苏人民出版社,1994

[71] 陈桂生. "教育学视界"辨析[M]. 上海:华东师范大学出版社,1997

[72] 翁向新主编. 谈教师的素质与修养[M]. 济南:群众出版社,1992

[73] 袁贵仁主编. 对人的哲学理解[M]. 郑州:河南人民出版社,1994

[74] 郭为藩. 科技时代的人文教育[M]. 台湾:幼狮文化事业公司,1987

[75] 吕姿之,林琬生主编. 教师健康手册[M]. 北京:中国医药科技出版社,2006

［76］张岩松. 现代交际礼仪［M］. 北京:经济管理出版社,2002

［77］李如密. 教学艺术论［M］. 济南:山东教育出版社,1996

［78］周延富. 教师道德规范与修养［M］. 济南:学苑出版社,1993

［79］刘大汶主编. 教师修养［M］. 沈阳:电子出版社,1990

［80］苏霍姆林斯基. 要相信孩子［M］. 天津:天津人民出版社,1981

［81］魏明. 礼仪指导［M］. 海南:南海出版社,2003

［82］李慧. 师爱的真心［J］. 班主任之友,1998(4)

［83］斯宾塞. 教育论［M］. 北京:人民教育出版社,1962

［84］朱智贤主编. 心理学大辞典［M］. 北京:北京师范大学出版社,1989

［85］张焕庭. 教育辞典［M］. 杭州:浙江教育出版社,1989

［86］朱敬先. 教学心理学［M］. 台北:五南图书出版公司,1987

［87］王静. 公共礼仪［M］. 辽宁:辽海出版社,2004

［88］赵达宣,黎初. 会议礼仪［M］. 山东:山东出版社,2000

读书札记

读 书 札 记